집에서 만드는 호텔 샌드위치
NEW OTANI HOTEL SANDWICH 100

호텔 뉴오타니 지음 (감수·조리 오타 다카히로)

달리[산]Home

세상에서 가장 맛있고 간단한 요리, 호텔 샌드위치

샌드위치는 언제 어디서든 한 손에 들고 먹을 수 있어 간편하고,
여러 가지 재료를 활용하여 다양한 맛을 즐길 수 있는 대표적인 패스트푸드다.
전 세계인이 즐겨 먹는 만큼 고급 호텔에서도 고객에게 제공되는 메뉴로 빠지지 않는다.
호텔의 샌드위치는 패스트푸드라기보다는 '요리'이다. 엄선된 최고의 재료를 사용하여
빵과 재료의 조화를 최우선으로 생각하며 만든다.
빵만 돋보이거나 속재료만 두드러지게 만들지 않고, 샌드위치라는 '요리'로서의 완성도를 추구한다.
요리사는 한결같은 열의로 '이 빵에 맞는 최적의 재료는 무엇일까?',
'이 재료에 어울리는 빵은 무엇일까?', '샌드위치를 먹을 손님은 어떤 상황일까?' 등
모든 조건을 고려하여 요리로서의 방향성을 찾아 샌드위치를 만들어 낸다.
일본의 최고급 호텔인 뉴오타니 역시 완성된 요리로서 샌드위치를 만들기 위해 노력한다.
샌드위치는 호텔 뉴오타니가 문을 연 이래 꾸준히 팔리는 메뉴이며,
수십 년 동안 고객에게 사랑받는 부동의 메뉴이다. 샌드위치에 필요한 빵은
요리사의 주문에 맞추어 호텔 내의 빵 전용 베이커리에서 매일 굽는다.
최고의 재료에 어울리는 최고의 빵을 준비하는 것이다.
호텔 내에 있는 각 레스토랑에서 실로 다채로운 샌드위치를 즐길 수 있다.
메뉴에 없어도 주문하면 된다. 또한 기존 메뉴를 취향에 맞게 주문할 수도 있다.
예를 들어 로스트비프, 달걀, 채소, 햄, 치즈 등을 넣은 믹스 샌드위치를
달걀만 넣어서 만들어 달라고 요청하는 것도 가능하다.
이 책에는 그런 요리사의 열의와 뛰어난 요리 실력으로 만들어진 호텔 샌드위치의 레시피를 담았다.
물론 가까운 슈퍼마켓에서 구할 수 있는 재료를 이용하여 요리 실력이 없더라도
누구나 만들 수 있는 요령을 알려준다.
우선 레시피를 시도하기 전에 꼭 '호텔 뉴오타니가 알려주는 샌드위치의 기초'를 정독하기를 바란다.
참고로 이 책에서는 하얀 사각형 식빵을 이용한 레시피만을 소개한다.

CONTENTS

세상에서 가장 맛있고 간단한 요리, 호텔 샌드위치 · 003
호텔 뉴오타니가 알려주는 샌드위치의 기초 · 008

PART 1 전 세계에서 오랫동안 사랑받는 맛
정말 맛있는 기본 샌드위치

1	믹스 샌드위치 ·	022
2	아메리칸 클럽하우스 샌드위치 ·	026
3	B.L.T 샌드위치 ·	028
4	참치 샌드위치 ·	030
5	비프 필레 커틀릿 샌드위치 ·	032
6	비프스테이크 샌드위치 ·	034
7	훈제 연어 샌드위치 ·	036
8	달걀 샌드위치 ·	038
9	채소 샌드위치 ·	040
10	포크커틀릿 샌드위치 ·	042
11	루벤 샌드위치 ·	044
12	몬트리올 샌드위치 ·	046
13	로스트비프 샌드위치 ·	048
14	터키 샌드위치 ·	050
15	소고기 햄버거 샌드위치 ·	052
16	카프레제 샌드위치 ·	054
17	에비베지 당근 샌드위치 ·	056
18	에비베지 오이 샌드위치 ·	058
19	크로크무슈 ·	060
20	크로크마담 ·	063
21	핫 샌드위치 ·	064
22	화이트 아스파라거스 샌드위치 ·	066
23	쥘리엔느 샐러드 샌드위치 ·	068
24	에그 베네딕트 샌드위치 ·	071

PART 2 셰프들의 도전으로 완성된 맛
요리로 거듭난 특별한 샌드위치

25	나폴리탄 샌드위치 ·	076

26	소바야키 샌드위치	078
27	감자 샐러드 샌드위치	081
28	오믈렛 샌드위치	082
29	카르보나라 샌드위치	084
30	햄 치즈 프렌치토스트	086
31	칠리 새우 샌드위치	088
32	미트소스 오픈 샌드위치	091
33	카레 풍미를 낸 삼겹살 토마토 샌드위치	092
34	하와이풍 도미 후리가케 샌드위치	094
35	스위트콘 프리터 샌드위치	096
36	돼지고기 조림 샌드위치	098
37	비프스튜 튀김 샌드위치	100
38	콘비프 양파 샌드위치	102
39	민스 커틀릿 샌드위치	104
40	새우 커틀릿 샌드위치	106
41	밀푀유 햄 커틀릿 샌드위치	109
42	햄버그스테이크 샌드위치	110
43	데리야키 치킨 샌드위치	112
44	구운 연어 샌드위치	114
45	닭고기 소보로 달걀 샌드위치	116
46	다츠타아게 샌드위치	118
47	긴피라 샌드위치	120
48	돼지고기 생강구이 샌드위치	122
49	달걀 콩나물 샌드위치	124
50	소시지 카레 샌드위치	126
51	스파이시 구운 양파 샌드위치	128

PART 3 재료의 맛이 돋보이는 오픈&롤

눈과 입이 즐거운 이색 샌드위치

52	드라이 토마토 시금치 롤 샌드위치	133
53	타라모살라타 롤 샌드위치	136
54	아보카도 토마토 과카몰리 롤 샌드위치	138
55	포테이토칩 롤 샌드위치	141
56	북경오리식 크리스피 치킨 롤 샌드위치	142
57	시저샐러드 오픈 샌드위치	144

58	햄 코울슬로 샐러드 샌드위치	146
59	양파 안초비 오픈 샌드위치	148
60	새우 바질 튀김빵	150
61	닭고기 스파이시 크림치즈 샌드위치	152
62	햄 치즈 밀푀유 샌드위치	155
63	명란젓과 달걀로 장식한 3색 오픈 샌드위치	157
64	햄 루콜라 샌드위치	159
65	2색 피망 샌드위치	161
66	고추냉이로 풍미를 낸 새우 브로콜리 샌드위치	163
67	양송이버섯 시금치 오픈 샌드위치	165
68	모차렐라와 살라미 소시지를 넣은 피자 토스트	166
69	살라미 소시지와 양파 절임 샌드위치	168
70	미소된장으로 풍미를 낸 채소 두부 샌드위치	170
71	참치 오크라 샌드위치	173
72	스페인풍 오믈렛 샌드위치	174
73	감자 베이컨 갈레트 샌드위치	176
74	구운 가지와 토마토, 참치를 넣은 니스풍 샌드위치	178
75	양파 베이컨 키슈 샌드위치	180
76	새우 오로라소스 샌드위치	182
77	로즈마리로 풍미를 낸 버섯 가지 샌드위치	184
78	배추 참치 샌드위치	186
79	카레 향 껍질콩 베이컨 샌드위치	189
80	연어 토마토 양파 샌드위치	190
81	참깨 향 닭가슴살 차조기 샌드위치	192
82	지중해풍 감자 안초비 샌드위치	195
83	연어 리예트 샌드위치	197
84	게 아스파라거스 샌드위치	199
85	펜네 아라비아타 샌드위치	200
86	순무를 넣은 일본식 사우전드 아일랜드 샌드위치	202
87	컬러풀 샌드위치	204

PART 4 단것을 좋아하지 않아도 홀딱 반하게 되는

디저트 샌드위치

88	케이크 과일 샌드위치	208
89	초콜릿 크림 견과류 샌드위치	211

90	딸기 마스카르포네 크림 샌드위치	213
91	애플시나몬 오픈 샌드위치	215
92	건포도 버터 샌드위치	217
93	멜론 샌드위치	219
94	복숭아 샌드위치	221
95	티라미수 샌드위치	223
96	레몬 커스터드 롤 샌드위치	225
97	바닐라 소스를 곁들인 마카다미아 너트 샌드위치	226
98	프렌치토스트 버라이어티	228
99	바나나 단팥 크림 샌드위치	231
100	밤 크림 샌드위치	232

이 책에서 소개하는 '맛'을 즐길 수 있는 호텔 뉴오타니 레스토랑 가이드 234

이 책의 사용법

- 버터는 특별히 지정하지 않은 경우에는 가염버터를 사용한다.
- 달걀은 특별히 지정하지 않은 경우에는 큰 것(64~70g)을 사용한다.
- 빵가루는 저온에서 튀기는 경우에는 생빵가루를, 고온에서 바싹하게 튀기는 경우에는 건조 빵가루를 구별해서 사용한다.
- 튀길 때 기름의 온도는 저온의 경우 140~150℃, 중온은 160~170℃, 고온은 180℃ 이상을 말한다.
- 걸쭉하게 만들 때는 녹말가루나 옥수수전분을 물에 녹여 사용하는데, 녹말물은 식으면 끈기가 약해지므로 녹말가루를 많이 넣는다.
- 1큰술은 15㎖, 1작은술은 5㎖, 1컵은 200㎖이다.

이 책의 정보 및 가격은 2014년 2월 10일을 기준으로 한 것이므로 변동될 수 있다.

호텔 뉴오타니가 알려주는
샌드위치의 기초

BREAD

일반적인 사각형 식빵만 사용한다

이 책에서는 일반적인 사각형 식빵만 사용했으며, 속재료에 따라 그에 맞는 최적의 두께를 선택했다. 또 식빵 귀퉁이를 남겨둘지 잘라낼지, 빵은 구울지 굽지 않을지, 어떤 방식으로 자를지 등에 대해 일일이 정해 놓았다. 이는 샌드위치를 먹을 때 빵과 속재료의 어우러짐, 식감, 맛의 조화를 고려한 것이다. 하지만 취향은 저마다 다르니 각자 취향대로 선택하면 된다. 호텔 뉴오타니에서는 빵을 모두 빵 전용 베이커리에서 굽는다. 다양한 주문에 맞춰 만들기 때문에 샌드위치용 식빵이라 하더라도 여러 종류가 있다.

이 책에서 주로 사용하는 빵

샌드위치용 식빵

호텔 뉴오타니의 각 레스토랑에서 샌드위치를 만들 때 사용하는 가장 기본적인 식빵. 이 책에서는 이 샌드위치용 식빵만을 사용한다.

호텔 뉴오타니에서 사용하는 그 외의 빵 (일부)

통밀 식빵

밀의 껍질, 배아, 배유를 모두 가루로 만들어 사용해서 영양가가 높다. 최근 건강식품으로 인기가 많다. 또한 통밀을 사용하는 만큼 식감과 풍미가 독특하다. 호텔 뉴오타니에서는 주로 아침 토스트를 만들 때 이 통밀 식빵을 사용한다.

영국 식빵(잉글리시 브레드)

식빵 틀의 뚜껑을 닫지 않고 구워서 윗부분이 둥글게 부푼 모양의 식빵이다. 호텔 뉴오타니에서는 가든 라운지의 샌드위치 뷔페에서 사용한다.

프리미엄리치 식빵

생크림, 설탕, 버터를 더 많이 사용하여 결이 가늘고 향이 강한 빵이다. 수분을 완전히 날려 굽기 때문에 일반 식빵보다 색이 진하다.

빵 두께를 선택하는 방법

이 책에서는 크게 세 종류의 두께를 사용한다. 그 선택 기준은 재료와의 궁합이다. 가장 얇은 1.25㎝ 두께의 식빵은 재료와의 일체감을 중시하여 마지막 한입까지 재료와 빵의 균형적인 조화를 이루고자 할 때 사용한다. 가장 두꺼운 2㎝ 두께의 식빵은 빵의 식감과 맛이 재료의 맛에 묻히지 않기를 원할 때 사용하는데, 이 두께는 그릇의 역할도 한다. 1.5㎝ 짜리는 그 중간적인 역할을 원할 때 사용한다.

1.25㎝
일반적인 샌드위치 식빵의 두께

이 책에서는 식빵이 귀퉁이를 잘라내고 만드는 레시피가 많다. 이 뚜께의 식빵은 얇게 썬 채소나 햄, 치즈 등 재료의 얇은 식감을 살리고 싶을 때나 감자 샐러드, 새우 마요네즈 무침 등 부드러운 식감의 재료를 사용하는 경우에 주로 사용한다.

1.5㎝
일반적으로 8컷짜리 식빵 두께

재료와 식빵의 비율을 비슷하게 하고 싶은 경우에 선택한다. 이 책에서는 비프 필레 커틀릿 샌드위치나 포크커틀릿 샌드위치, 오믈렛 샌드위치, 다츠타아게 샌드위치 등 바삭한 식감과 맛을 중시하는 샌드위치를 만들 때 이 두께의 식빵을 사용하였다.

2㎝
일반적으로 6컷짜리 식빵 두께

이 책에서는 빵의 귀퉁이를 자르지 않는 반찬식 샌드위치를 만들 때 이 두께의 식빵을 사용한다. 또한 주머니 모양으로 만드는 레시피에 적합하다. 일반적인 나폴리탄 샌드위치나 소바야키 샌드위치를 만들 때 사용한다.

시판되는 식빵의 대략적인 두께

5컷짜리(2.5㎝)・6컷짜리(2.0㎝)・8컷짜리(1.5㎝)・12컷짜리(1.0㎝)
＊이는 일반적인 기준이며, 가게나 식빵틀에 따라 다르다.

빵의 종류와 맛의 관계

이 책에서는 사용하지 않지만, 호텔 뉴오타니에서는 앞에서 언급한 빵 이외에도 호밀을 넣은 호밀 식빵을 대부분의 샌드위치를 만드는 데 사용한다. 또한 햄버거 빵, 크루아상, 잉글리시머핀, 바게트, 브리오슈(달콤하고 크기가 작은 프랑스빵) 등은 물론, 소금·물·효모의 배합, 버터·우유·달걀·설탕의 유무, 굽는 방법 등에 차이를 주어 매우 다양한 빵을 만들어 사용한다.

호텔에서는 재료에 맞는 빵을 직접 만들어 사용하기 때문에 더 맛있는 샌드위치를 만들 수 있지만, 집에서는 불가능하니 우선 빵에 맞는 재료와 레시피를 선택하는 것이 좋다. 예를 들어 짠맛이 강한 식빵으로 샌드위치를 만든다면 슬라이스 치즈 등 염분이 많은 재료보다는 베이컨, 양상추, 토마토 같은 채소를 주로 사용하는 것이 좋다. 맛의 균형과 취향에 맞는 최적의 조합을 찾아보도록 하자.

참고로 이 책에서는 샌드위치 식빵으로 에그 베네딕트(p.71)를 만들었지만, 호텔 뉴오타니의 '가든 라운지'에서는 잉글리시머핀을 사용하여 사르르 녹는 노른자와 홀랜다이즈 소스가 잘 어우러지는 샌드위치를 만든다. 또 커피숍 'SATSUKI'에서는 B.L.T 샌드위치(p.28)를 호밀 식빵으로 만들어 호밀의 독특한 풍미를 느낄 수 있다.

빵은 구울까, 그대로 둘까?

이 역시 재료에 따라 선택하면 된다. 재료와 빵의 일체감을 중시하는 경우 빵 맛과 재료가 조화를 이루게 식빵을 그대로 사용하는 게 좋다. 귀퉁이도 잘라내면 마지막 한입까지 맛의 일체화를 느낄 수 있다. 예를 들어 달걀 샌드위치(p.38)나 오이 샌드위치(p.58)는 1.25cm 두께의 샌드위치 식빵을 선택했다.

양면을 구울까, 한쪽 면만 구울까?

B.L.T샌드위치처럼 차가운 재료로 만드는 경우나, 반대로 닭고기 다츠타아게처럼 따뜻한 재료로 만드는 경우에는 양면을 굽는 것이 좋다. 바삭한 식감이 맛을 한층 돋운다. 반면 돈가스처럼 소스를 바른 재료를 넣는 경우에는 재료가 닿는 식빵 안쪽은 굽지 않고 부드러운 상태로 두는 것이 좋다. 소스가 빵에 충분히 스며들어 맛의 풍미를 배가시킨다.

빵 귀퉁이는 어떻게 할까?

이 역시 재료와의 궁합을 고려하여 판단한다. 빵 귀퉁이의 향, 밀이나 호밀 등 빵 자체의 풍미와 식감을 살리고 싶다면 빵 귀퉁이는 그대로 두어도 된다. 반면 달걀 샌드위치처럼 부드러운 식감이나 게처럼 재료의 맛을 중시하는 경우에는 귀퉁이를 잘라내는 것이 좋다.

BUTTER, OIL

유지류의 중요성

샌드위치를 만들 때 대개 빵에 버터를 바르는데, 이는 기름막으로 빵을 코팅하기 위해서이다. 그런 만큼 버터만을 고집할 필요는 없다. 호텔 뉴오타니에서는 가염버터에 머스터드를 섞어 이를 기본 유지로 사용한다. 바르는 버터의 양은 식빵 1장당 3~4g이다. 유지 대신 돈가스소스나 케첩 등을 발라도 된다.

버터

디저트용 샌드위치 이외에는 기본적으로 가염버터를 사용한다. 버터에 머스터드를 섞어 머스터드 버터를 만들어 사용한다.

TIPS!

기본 머스터드 버터는 가염버터 150g에 머스터드 10g을 섞어 만든다. 그 외에도 여러 가지 재료를 조합할 수 있다.

버터
+홀그레인 머스터드
+고추냉이
+호스래디시
 (서양 고추냉이)
+고추

유지류

마요네즈

머스터드 마요네즈

TIPS!

여러 가지 재료를 조합하여 다양한 맛을 즐길 수 있다!

마요네즈
+발사믹 식초
+된장
+이탈리안 파슬리,
 차빌 등의 허브류
+카레가루
+파프리카 파우더

소스

돈가스소스
호텔 뉴오타니에서는 주노소스와 우스터소스를 4:1의 비율로 섞어서 사용한다.

케첩
고기류 등 두툼한 식감의 재료를 사용할 때 케첩이 맛에 악센트를 주는 역할을 한다.

머스터드

**머스터드
(프렌치머스터드)**
햄버거나 핫도그 등 미국식 요리의 필수품이다.

홀그레인 머스터드
조제 겨자와 달리 신맛이 나니 이에 주의하여 사용한다.

PICKLES·CAPER·
OLIVE·ANCHOVY·CHEESE

신맛이나 짠맛으로 맛을 한층 돋우는 재료들

짠맛이나 신맛을 더해 여러 겹 쌓인 재료의 맛을 더욱 어우러지게 하는 숨은 조연이 바로 이 악센트 재료이다. 여기에서 소개하는 것은 매우 일반적인 재료들이지만 이것들로 인해 호텔에서 만든 샌드위치와 거의 비슷한 맛을 완성할 수 있으니 되도록이면 구비해두는 것이 좋다. 이 재료들은 단독으로 사용하기보다 마요네즈와 섞으면 맛을 더 다양하게 변화시킬 수 있다.

피클   케이퍼   올리브(블랙/그린)   안초비

슬라이스 치즈와 크림치즈

대개 가정에서도 샌드위치를 만들 때 슬라이스 치즈를 넣는다. 이 책에서는 주로 그뤼에르 치즈와 체다 치즈 두 종류를 사용하는데, 풍미와 색에 따라 구별해서 쓰는 것이 좋다. 크림치즈는 향신료나 허브, 마늘, 생강 등을 섞어서 주재료에 맞게 맛을 변화시켜 사용하면 다양하게 응용할 수 있다.

그뤼에르 치즈   체다 치즈   크림치즈

HOW TO MAKE!

간단하고 먹음직스러운 기본 샌드위치를 만드는 요령

달걀 샌드위치를 예로 들어 간단하게 정말 맛있는 샌드위치를 만드는 요령에 대해 알아보자.
속재료의 양, 넣는 방식 등에 따라 맛은 달라진다. 달걀 샌드위치의 레시피는 p.38을 참조한다.

달걀 샐러드는 가운데에 쌓아 올리듯이 얹은 후 귀퉁이를 향해 펼쳐 바른다.

달걀 샐러드나 잼과 같은 부드러운 재료를 바를 때는 빵 귀퉁이를 마지막에 잘라낸다.

두툼하게 만들려면 가운데 부분을 두껍게 바르면 된다.

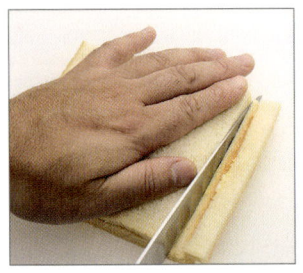

부드러운 재료를 넣은 빵의 귀퉁이를 자를 때는 손바닥으로 눌러 고정시키고 잘라낸다.

달걀 샐러드는 빵의 두께와 같거나 그보다 두껍게 넣는다.

샌드위치를 쌓는 순서

이 책에서는 사각형 식빵을 사용하여 샌드위치를 만든다. 그래서 재료를 쌓아 빵으로 덮은 후에는 샌드위치를 반드시 잘라야 한다. 부드러운 식빵과 몇 겹이나 쌓인 재료들을 한 번에 예쁘게 자르려면 기술도 좋아야하겠지만 그보다 재료를 쌓는 순서가 중요하다. 그뿐만 아니라 재료를 쌓는 순서에 따라 맛, 식감, 그리고 모양마저 달라진다.
여기에서는 전문 요리사가 왜 이와 같은 순서로 쌓았는지 그 이유에 대하여 설명하고자 한다.

아메리칸 클럽하우스 샌드위치를 쌓는 예 p.16

아메리칸 클럽하우스 샌드위치는 커피숍 'SATSUKI'에서 인기 있는 메뉴이다. 양면을 구운 식빵 3장으로 만들어 2종류의 샌드위치를 한 번에 맛볼 수 있는 것이 이 샌드위치의 매력이다.

TIPS!

자를 때 으깨지기 쉬운 토마토는 뚜껑 역할을 하는 빵 아래에, 힘을 주어 잘라도 흐트러지지 않는 고기는 바닥에 얹는다. 위쪽을 자를 때는 되도록 힘을 빼고, 빵과 재료가 겹치는 바닥 부분은 힘을 주어 자른다.

아메리칸 클럽하우스 샌드위치
❖ 레시피는 p.26 참조.

칼을 앞뒤로
움직여서

힘을 주어
한 번에
확 자른다.

❶ **양면을 구운 빵** 한쪽 면에
머스터드 버터를 바른다.

❷ **구운 베이컨** 쉽게 잘리는 얇고
부드러운 재료는 뚜껑 역할을 하는 빵
바로 아래에 둔다.

❸ **특제 소스** 토마토 슬라이스와
베이컨의 접착제 역할을 한다.

❹ **토마토 슬라이스** 토마토의
수분 때문에 맛이 싱거워지므로
소금을 살짝 뿌린다.

TIPS!
수분이 많아 으깨지기 쉬운 토마토는
가능한 한 뚜껑 역할을 하는 빵 가까이에
쌓는다.

❺ **양상추** 손바닥 위에 놓고
두드려 편다.

❻ **양면을 구운 빵** 양면에 머스터드
버터를 바른다.

❼ **닭고기 슬라이스** 칼의 무게와
자르는 힘을 한 번에 받는다.
칼에 잘 잘리므로 바닥 부분에 둔다.

❽ **특제 소스** 오이 슬라이스와
닭고기의 접착제 역할을 한다.

TIPS!
수분이 많은 오이는 잘 미끄러지므로
소스를 접착제처럼 사용한다

❾ **오이 슬라이스** 빵의 윗면과
평행하게 얇게 썬 오이를 늘어놓는다.

❿ **양면을 구운 빵** 한쪽 면에
머스터드 버터를 구석구석 바른다.

CUT

빵 자르는 방법에 따라 맛이 달라진다

갓 구운 빵이 아니라 식어서 밀도가 높아진 빵을 사용하는 것이 좋다.

빵 자르기
식빵을 자를 때는 되도록 칼끝을 사용한다.
빵칼을 사용할 때는 앞뒤로 크게 움직이면서 자른다.

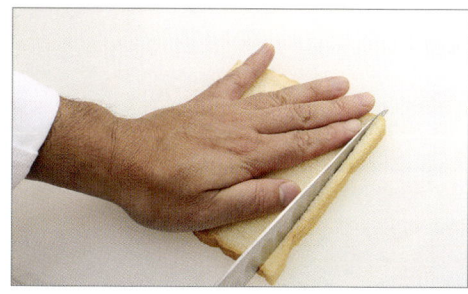

빵 귀퉁이 자르기
샌드위치 전체를 손으로 가볍게 눌러 고정시킨 다음,
엄지와 검지를 지지대로 삼고 귀퉁이에 칼을 똑바로 넣는다.
빵이 부서지지 않을 정도의 힘으로 한 번에 자른다.

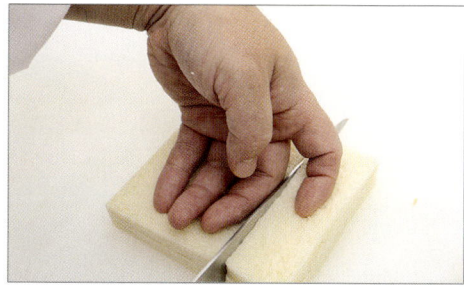

작게 자르기
중지를 지지대로 삼고 검지로 자르는 쪽을 누른다.
칼을 앞뒤로 살살 움직이면서 한 번에 자른다.

TIPS!
· 힘을 주면 빵이 부서지므로 힘을 빼고 칼을
  앞뒤로 가볍게 움직여 자른다.
· 마요네즈나 버터 등이 칼에 묻었다면
  그때그때 행주로 닦아내고 자른다.

이 책에서 사용한 샌드위치 자르는 방법

이 책에는 다음과 같은 여덟 가지 방법 이외에 대각선 1/2컷, 귀퉁이를 잘라내거나 그대로 둔 오픈 샌드위치도 소개한다.

세로로 3등분하기

자르는 방법

대각선으로 잘라 4등분하기

자르는 방법

세로로 2등분하기
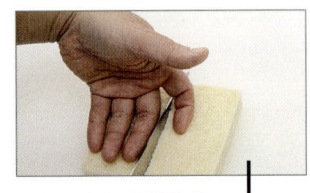

십자로 잘라 4등분하기

변형된 3등분
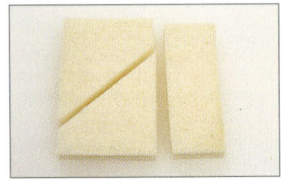

자르는 방법
세로로 1/3을 하나 자른다.

남은 2/3를 반시계방향으로 90도 회전시켜 칼을 비스듬히 넣고 사다리꼴로 2등분한다.

비스듬하게 2등분하기

6등분하기

자르는 방법
세로로 3등분한 빵을 가로로 놓고 2등분한다.

세로로 2등분하여 주머니 모양으로 만들기

자르는 방법
2cm 두께인 식빵을 세로로 2등분한 다음, 단면의 한가운데에 칼집을 낸다.

단면을 생각하며 재료를 얇게 썰어 나열하기

오이 슬라이스를 예로 들어 나열하는 방향을 생각해보자

잘랐을 때의 모양을 생각하여 빵에 재료를 얹어야 한다. 재료를 나열하는 방법은 식감과도 관련되므로 재료를 얹을 때는 자른 후의 모습을 상상해둔다. 여기에서는 오이 슬라이스를 예로 들어보겠다.

빵의 좌우 폭에 맞추어 오이를 썬다

믹스 샌드위치를 비롯한 기본 샌드위치를 만들 때 대개 재료는 2mm 두께로 얇게 썬다.
단면을 예쁘게 만들기 위해 균등하게 썰 수 있도록 연습해두자.

두 종류의 썰기

도마에 직각으로 썬다.

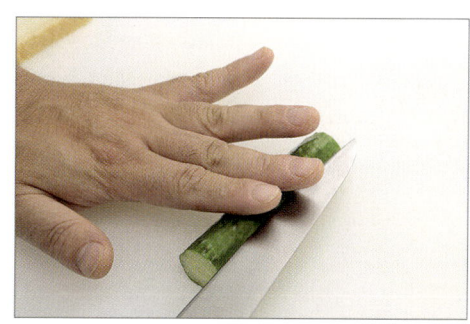

도마에 평행하게 썬다

오이를 나열하는 방법

빵의 위아래에 맞추어 오이 슬라이스를 조금씩 겹치면서 간격 없이 나열한다.
그러면 p.58의 오이 샌드위치와 같은 단면이 된다.

PART 01

전 세계에서 오랫동안 사랑받는 맛

정말 맛있는
기본 샌드위치

MIXED SANDWICH

정말 맛있는 기본 샌드위치
1

믹스 샌드위치

MIXED SANDWICH

빵과 유지

- 1.25cm 두께의 샌드위치 식빵 2장
- 머스터드 버터 적당량

속재료

- 오이 슬라이스 2mm 두께 4조각
- 토마토 슬라이스 5mm 두께 3조각
- 양상추 두드려 편 것 1장
- 슬라이스 햄 2mm 두께 1장
- 체다 치즈 슬라이스 1.5장
- 로스트비프 2조각
- 돈가스소스 1작은술
- 삶은 달걀 1개
- 마요네즈 적당량 25g
- 소금 1꼬집

빵 자르는 방법

- 귀퉁이를 잘라낸다.
- 대각선으로 잘라 4등분한다.

호텔 뉴오타니 제공점

- **COFFEE SHOP** SATSUKI
  믹스 샌드위치 2,000엔

HOW TO MAKE

1. 2장의 식빵 한쪽 면에 각각 머스터드 버터를 바른다.
2. 식빵 1장을 버터를 바른 면이 위에 오게 놓고 다음 순서대로 재료를 얹는다.
   ✣ 슬라이스 햄, 치즈, 오이 슬라이스, 토마토 슬라이스와 소금, 로스트비프, 돈가스소스, 양상추
3. 나머지 식빵의 버터 바른 면에 삶은 달걀과 마요네즈를 거품기로 섞은 것을 바른다.
4. 3을 2의 양상추 위에 덮는다.
5. 샌드위치 전체를 손으로 가볍게 눌러 고정시키고 귀퉁이를 잘라낸다.
6. 대각선으로 4등분하여 삼각형 모양으로 자른다.

TIPS!

- 토마토는 수분이 많아 맛이 싱거워질 수 있으므로 소금을 뿌린다.
- 양상추를 두드리는 것은 납작하게 만들어 수분을 빼기 위해서이다.
- 재료가 많은 샌드위치를 자를 때는 칼을 앞뒤로 조금씩 움직이면 예쁘게 자를 수 있다.

굽지 않은 식빵과 화려한 일곱 가지 재료가 하나로 어우러진 믹스 샌드위치. 호텔 뉴오타니에서는 마요네즈와 달고 짭짤한 돈가스소스를 섞어 만든 소스를 사용한다. 입맛을 사로잡는 이 소스로 인해 재료와 빵의 일체감이 더해지며 맛깔스러운 요리가 완성된다. 빵과 재료의 환상적인 조합을 위해 1.25cm 두께의 샌드위치 식빵을 사용하며 귀퉁이는 잘라낸다. 마지막 한입까지 일체감을 즐길 수 있다.

MIXED SANDWICH

1

2-1

2-2

2-3

2-4

2-5

MIXED SANDWICH

AMERICAN CLUB HOUSE SANDWICH

정말 맛있는 기본 샌드위치
2

아메리칸 클럽하우스 샌드위치

AMERICAN CLUB HOUSE SANDWICH

빵과 유지
- 1.25cm 두께의 샌드위치 식빵 3장
- 머스터드 버터 적당량

속재료
- 오이 슬라이스 5mm 두께 5조각
- 토마토 슬라이스 5mm 두께 3조각
- 양상추 1장
- 베이컨 3mm 두께 3장
- 닭고기 다리살이나 가슴살, 껍질째 60~70g
- 소금 적당량

소스
- 마요네즈 100g
- 우스터소스 15㎖
- 꿀 1.5g
- 디종 머스터드 2.5g
  ✤ 디종 머스터드는 일반 머스터드보다 맵고 시큼한 맛이 나면서도 끝맛이 부드럽다.
- 카레가루 약간

빵 자르는 방법
- 귀퉁이는 그대로 둔다.
- 대각선으로 잘라 4등분한다.

HOW TO MAKE
1. 빵은 각각 양면을 굽고, 한쪽 면에만 머스터드 버터를 바른다.
2. 첫 번째 빵에 오이 슬라이스를 얹고 소스 재료를 섞어 바른다.
3. 구운 닭고기를 3mm 두께로 얇게 썰어 그 위에 얹는다.
4. 두 번째 빵에 두드려 편 양상추, 토마토, 소금, 소스, 구운 베이컨 순으로 얹는다.
5. 3 위에 4를 얹고 세 번째 빵으로 덮는다. 픽을 꽂아 고정시키고 자른다.

TIPS!
- 닭고기는 여분의 기름기를 제거하고 펼쳐서 두께를 균등하게 만든 후, 기름을 두른 팬에 굽고 소금과 후추분량 외를 가볍게 뿌린다.
- 베이컨은 달군 팬에서 바삭해질 때까지 굽는다.

호텔 뉴오타니 제공점
- **COFFEE SHOP** SATSUKI
  아메리칸 클럽하우스 샌드위치 2,000엔
  21시 이후에는 2,100엔
- **BAR** 바 카프리
  아메리칸 클럽하우스 샌드위치 2,200엔

이 샌드위치의 유래에 대해 여러 가지 설이 있는데, 19세기 미국의 고급 카지노 클럽이나 골프 클럽하우스, 미군 장교 클럽 등에서 제공되어 '클럽하우스 샌드위치'라는 이름이 붙었다고 한다. 구운 식빵 3장에 부피감 있는 재료를 넣기 때문에 한 끼 식사로도 손색이 없다.

B.L.T SANDWICH

정말 맛있는 기본 샌드위치
3

B.L.T 샌드위치

B.L.T SANDWICH

빵과 유지
- 1.25㎝ 두께의 샌드위치 식빵 2장
- 머스터드 버터 적당량

속재료
- 베이컨 3㎜ 두께 5장
- 토마토 슬라이스 5㎜ 두께 3조각
- 양상추 1장
- 양파 슬라이스 1㎝ 두께 1조각
- 프렌치머스터드 적당량
- 마요네즈 적당량
- 소금, 후추 약간씩

빵 자르는 방법
- 귀퉁이는 그대로 둔다.
- 비스듬하게 2등분한다.

호텔 뉴오타니 제공점
- **COFFEE SHOP** SATSUKI
  B.L.T 샌드위치 1,900엔

HOW TO MAKE
1. 빵은 각각 양면을 굽는다.
2. 빵 한쪽 면에 각각 머스터드 버터를 바르고,
   첫 번째 빵에 양상추, 토마토, 소금, 후추,
   구운 양파, 프렌치머스터드, 마요네즈,
   구운 베이컨을 순서대로 얹은 다음
   두 번째 빵으로 덮는다.

TIPS!
- 호텔 뉴오타니에서는 호밀빵을 사용한다.
  빵의 종류를 바꾸거나 달걀 또는 아보카도를 넣는 등
  재료를 바꾸어 즐기는 것도 좋다.
- 두드려 편 양상추는 빵 밖으로 나오지 않게 접는다.
  빵과 토마토, 양상추의 부피에 유의한다.
- 베이컨이 짠 정도와 맛을 좌우하므로
  신중하게 선택한다.

B.L.T은 베이컨 Bacon, 양상추 Lettuce, 토마토 Tomato의 약자이다.
미국에서 생겨 지금은 전 세계에서 사랑받고 있다.
호텔 뉴오타니에서는 기본이 되는 세 가지 재료에 옅은 갈색이 될 때까지
볶은 양파 슬라이스를 추가하여 더 깊은 맛을 내는 B.L.T 샌드위치를 만든다.

TUNA SANDWICH

정말 맛있는 기본 샌드위치
4

참치 샌드위치

TUNA SANDWICH

빵과 유지
- 1.25㎝ 두께의 샌드위치 식빵 2장
- 머스터드 버터 적당량

속재료
- 토마토 슬라이스 3㎜ 두께 2조각
- 양상추 1장
- 양파 슬라이스 1㎜ 두께 적당량
- 참치 통조림 1개 165g
- 마요네즈 적당량
- 다진 양파 적당량
- 다진 피클 적당량
- 흰 후추 약간

빵 자르는 방법
- 귀퉁이는 자른다.
- 3등분한다.

호텔 뉴오타니 제공점
- **COFFEE SHOP** SATSUKI
  참치 샌드위치 2,000엔
- **BAR** 바 카프리
  참치 샌드위치 세트음료 포함 2,100엔

HOW TO MAKE
1. 참치 통조림은 기름을 빼고, 마요네즈, 다진 양파, 다진 피클과 섞은 후, 흰 후추로 간한다.
2. 빵은 각각 한쪽 면에 머스터드 버터를 바른다.
3. 첫 번째 빵에 두드려 편 양상추, 토마토, 양파 슬라이스 순으로 얹는다.
4. 두 번째 빵에 1을 전체적으로 발라서 바른 면이 아래로 가게 하여 3에 덮는다.

TIPS!
- 참치 마요네즈는 가운데에 두툼하게 바른다.
- 참치 마요네즈는 오니기리 재료로 활용해도 좋다.
- 참치 통조림은 물에 든 것보다 기름에 든 것을 사용하는 것이 좋다.
  ❖ 일본의 경우, 참치 통조림은 기름에 든 것과 물에 든 것으로 나뉜다.
  물에 든 것은 기름을 사용하지 않고 물이나 채소 수프에 담가 가공한 것으로 맛이 깔끔하고 담백하다.

가정에서도 쉽게 만들 수 있는 참치 샌드위치.
다진 양파와 다진 피클을 넣으면 호텔의 맛과 비슷해진다.

BEEF FILET CUTLET SANDWICH

정말 맛있는 기본 샌드위치

5

비프 필레 커틀릿 샌드위치

BEEF FILET CUTLET SANDWICH

빵과 유지
- 1.5cm 두께의 샌드위치 식빵 2장
- 머스터드 버터 적당량

속재료
- 소고기 안심 100g
- 소금, 후추 약간씩
- 레드와인 약간
- 밀가루, 달걀물, 건조 빵가루 적당량씩
- 튀김용 기름 적당량

소스
- 돈가스소스 100g
- 케첩 1큰술
- 프렌치머스터드 1작은술
- 조제 고추냉이 가능하면 호스래디시 1작은술
- 레몬즙 1작은술

빵 자르는 방법
- 귀퉁이는 자른다.
- 세로로 3등분한다.

HOW TO MAKE
1. 빵은 각각 한쪽 면을 굽는다.
   소스 재료는 섞어둔다.
2. 소고기 안심은 가볍게 두드려 펴고 소금과 후추로 밑간한 후, 레드와인을 뿌린다.
3. 2에 밀가루, 달걀물, 건조 빵가루를 묻히고, 230℃의 온도의 기름에 20~30초 동안 튀긴다.
4. 3에 소스를 전체적으로 바른다.
   첫 번째 빵의 굽지 않은 면에 얹고
   두 번째 빵으로 덮는다.

TIPS!
- 고기의 질이 맛을 좌우한다. 안심이나 다리살 등 붉은 살코기를 선택하는 것이 좋다.
- 소스로는 소고기에 어울리는 호스래디시 서양 고추냉이가 가장 좋지만 조제 고추냉이로 대신해도 된다.

호텔 뉴오타니 제공점
- **COFFEE SHOP** SATSUKI
  신사이바시 필레 커틀릿 샌드위치 2,800엔

소고기 안심의 풍미를 고스란히 느낄 수 있는 매우 훌륭한 요리이다.
돈가스소스의 달고 짭짤한 맛에 자꾸만 손이 간다.
커피숍 'SATSUKI'에서도 인기가 많다.

BEEF STEAK SANDWICH

정말 맛있는 기본 샌드위치
6

비프스테이크 샌드위치

BEEF STEAK SANDWICH

빵과 유지
- 1.5cm 두께의 샌드위치 식빵 2장
- 머스터드 버터 적당량

속재료
- 소고기 안심 100g
- 잎상추 1장
- 토마토 슬라이스 5mm 두께 2조각
- 양파 슬라이스 2mm 두께 적당량
- 소금, 후추 약간씩
- 돈가스소스 적당량

빵 자르는 방법
- 귀퉁이는 자른다.
- 비스듬하게 2등분한다.

호텔 뉴오타니 제공점
- **BAR** 바 카프리
  비프스테이크 샌드위치 4,000엔

HOW TO MAKE

1. 빵은 귀퉁이를 자르고 양면을 굽는다. 한쪽 면에 머스터드 버터를 바른다.
2. 소고기 안심은 소금과 후추를 뿌리고, 달군 팬에서 원하는 정도로 굽는다. 다 구운 고기에 돈가스소스를 전체적으로 바른다.
3. 첫 번째 빵에 두드려 편 잎상추, 구운 고기, 토마토, 양파 순으로 얹고 두 번째 빵으로 덮는다. 픽을 꽂아 고정시키고 자른다.

TIPS!
- 돈가스소스 대신 그레이비소스를 사용해도 되지만 맛이 조금 약해진다.
  ✣ 그레이비소스는 고기를 구울 때 나오는 육즙에 소금, 후추, 레드와인 등을 넣어 조미한 소스이다.

맛있는 고기로 샌드위치를 만들어 먹을 때의 행복감이란!
빵의 풍미와 채소의 맛에 돈가스소스의 풍미가 어우러져 색다른 맛을 자아낸다.
고기가 두꺼운 만큼 빵도 두꺼운 것을 사용하는 것이 좋다.

SMOKED SALMON SANDWICH

정말 맛있는 기본 샌드위치
7

훈제 연어 샌드위치

SMOKED SALMON SANDWICH

빵과 유지
- 1.25cm 두께의 샌드위치 식빵 2장
- 사워크림 적당량

속재료
- 훈제 연어 슬라이스 4조각
- 양파 슬라이스 3mm 두께 적당량
- 케이퍼 약간
- 잎상추 1장
- 마요네즈+레몬즙 적당량

빵 자르는 방법
- 귀퉁이는 자른다.
- 세로로 3등분한다.

호텔 뉴오타니 제공점
- **TEA&COCKTAIL** 가든 라운지
  샌드위치&디저트 뷔페 커피 또는 홍차 포함
  3,800엔
  ❖ 메뉴에 따라 제공되지 않는 경우도 있음.

HOW TO MAKE
1. 빵은 각각 한쪽 면에 사워크림을 바른다.
2. 첫 번째 빵에 잎상추, 훈제 연어, 양파 슬라이스, 케이퍼, 레몬즙을 섞은 마요네즈 순으로 놓고 두 번째 빵으로 덮는다.

TIPS!
- 잎의 색이 다른 잎상추를 사용하면 화려한 색감의 샌드위치가 된다.
- 버터 대신 사워크림을 사용한다. 사워크림을 듬뿍 발라 연어와의 맛있는 조합을 즐겨보자.

훈제 연어와 크림치즈는 매우 잘 어울린다.
케이퍼와 레몬즙을 넣은 마요네즈를 더하면 신맛을 더욱 부각시키고 훈제 연어의 맛을 돋운다.
케이퍼와 양파는 반드시 넣어야 한다.

EGG SANDWICH

정말 맛있는 기본 샌드위치
8

달걀 샌드위치

EGG SANDWICH

빵과 유지

- 1.25cm 두께의 샌드위치 식빵 2장
- 머스터드 버터 적당량

속재료

- 삶은 달걀 2개
- 마요네즈 50g
- 소금, 흰 후추 약간씩

빵 자르는 방법

- 귀퉁이는 자른다.
- 3등분한다.

호텔 뉴오타니 제공점

- **BAR** 바 카프리
  달걀 샌드위치 세트음료 포함 2,000엔

HOW TO MAKE

1. 빵은 각각 한쪽 면에 머스터드 버터를 바른다.
2. 삶은 달걀은 으깬 다음, 마요네즈와 섞는다.
3. 2에 소금과 후추를 넣어 간한다.
   첫 번째 빵에 얹고 두 번째 빵으로 덮는다.

달걀과 마요네즈만 들어간 매우 간단한 샌드위치다.
소금과 후추, 그리고 달걀의 삶은 정도만으로 맛의 차이를 낼 수 있다.
어떤 의미에서 보면 간단하기 때문에 오히려 어려운 레시피이기도 하다.
여기에서는 1.25cm 두께의 샌드위치 식빵을 사용하지만,
달걀을 제법 두텁게 넣을 거라면 두꺼운 식빵을 사용해도 괜찮다.

VEGETABLES SANDWICH

정말 맛있는 기본 샌드위치
9

채소 샌드위치

VEGETABLES SANDWICH

빵과 유지
- 1.25㎝ 두께의 샌드위치 식빵 2장
- 머스터드 버터 적당량

속재료
- 잎상추 1장
- 오이 슬라이스 3㎜ 두께 6조각
- 토마토 슬라이스 5㎜ 두께 3조각
- 영콘통조림 8개
  - 영콘은 작은 크기의 옥수수로, 대개 손가락 길이만 하고, 통째로 먹는다.
- 아보카도 슬라이스 5㎜ 두께 1/4개분
- 마요네즈 적당량
- 소금 약간

빵 자르는 방법
- 귀퉁이는 자른다.
- 대각선으로 잘라 4등분한다.

호텔 뉴오타니 제공점
- **COFFEE SHOP** SATSUKI
  메뉴에는 없지만 주문이 들어오면 만든다.

HOW TO MAKE
1. 빵은 각각 한쪽 면에 머스터드 버터를 바른다.
2. 첫 번째 빵에 오이, 토마토, 소금, 세로로 반을 자른 또는 슬라이스 영콘을 쌓는다.
   그 위에 마요네즈와 아보카도를 얹은 다음 두드려 편 잎상추를 넣고 두 번째 빵으로 덮는다.
   픽을 꽂아 고정시키고 자른다.

TIPS!
- 채소의 종류에는 제한이 없으므로 손쉽게 구할 수 있고 좋아하는 것을 선택한다.
- 채소를 손질할 때는 쌓거나 재료 사이사이에 끼우기 쉽게 크기를 고려한다.

채소를 듬뿍 넣은 웰빙 샌드위치다.
여기에서는 아보카도와 토마토의 두께감과 담백한 잎채소에 악센트를 주기 위해 영콘을 선택했다.
채소의 종류에 제한이 없으니 원하는 것을 골라 독창적인 샌드위치를 만들어 보자.

PORK CUTLET SANDWICH

정말 맛있는 기본 샌드위치
10

포크커틀릿 샌드위치

PORK CUTLET SANDWICH

빵과

- 1.5cm 두께의 샌드위치 식빵 2장

속재료

- 돼지고기 등심또는 안심 120g
- 밀가루, 달걀물, 생빵가루 적당량씩
- 양배추채썰기 30g
- 돈가스소스 적당량
- 소금, 후추 약간씩
- 튀김용 기름 적당량

빵 자르는 방법

- 귀퉁이는 자른다.
- 비스듬하게 2등분한다.

호텔 뉴오타니 제공점

- **BAR** 바 카프리
  클래식 포크커틀릿 샌드위치 2,600엔
- **COFFEE SHOP** SATSUKI
  메뉴에는 없지만 주문이 들어오면 만든다.

HOW TO MAKE

1. 빵은 양면을 굽는다.
2. 돼지고기 등심은 두드려서 빵과 같은 크기로 펴고, 소금, 후추, 밀가루, 달걀물, 생빵가루를 묻혀 160~170℃ 온도의 기름에서 튀긴 다음, 돈가스소스를 바른다.
3. 첫 번째 빵에 채 썬 양배추를 깔고, 2를 얹은 후, 두 번째 빵으로 덮는다. 픽을 꽂아 고정시키고 자른다.

TIPS!

- 빵을 대각선으로 잘랐을 때 고기의 분량이 많이 보이도록 하는 것이 요령이다.
- 포크커틀릿은 저온에서 천천히 튀기기 때문에 생빵가루를 사용한다.

바삭바삭하게 구운 빵과 바삭바삭한 포크커틀릿,
그 사이를 채운 양배추와 돈가스소스가 어우러지는 클래식한 샌드위치다.
일본에서 생겨 오랫동안 사랑받아 온 맛이다.

REUBEN SANDWICH

정말 맛있는 기본 샌드위치
11

루벤 샌드위치

REUBEN SANDWICH

빵과 유지
- 1.25cm 두께의 샌드위치 식빵 2장
- 사우전드 아일랜드 드레싱시판 제품 적당량

속재료
- 훈제 소고기 슬라이스 2mm 두께 또는 콘비프 125g
  - ✣ 콘비프는 소금에 절인 소고기를 쪄서 통조림으로 만든 것이다.
- 사워크라우트 병조림 적당량
  - ✣ 사워크라우트는 절인 양배추를 발효시킨 독일식 김치이다.
- 그뤼에르 치즈 슬라이스 1장

빵 자르는 방법
- 귀퉁이는 그대로 둔다.
- 비스듬하게 2등분한다.

HOW TO MAKE
1. 빵은 각각 양면을 굽는다.
2. 첫 번째 빵에 사우전드 아일랜드 드레싱을 바르고, 사워크라우트를 얹은 후 훈제 소고기를 얹는다.
3. 2 위에 그뤼에르 치즈를 얹고 치즈가 녹을 때까지 오븐 토스터에서 살짝 굽는다.
4. 두 번째 빵으로 덮은 다음 픽을 꽂아 고정시키고 자른다.

TIPS!
- 훈제 소고기는 파스트라미로 대체해도 된다. 맛있게 즐길 수 있다.
  - ✣ 파스트라미는 양념한 소고기를 훈제하여 식힌 것이다.
- 슬라이스 치즈는 취향에 따라 선택한다.

20세기 초에 독일 이민자였던 아놀드 루벤 Arnold Reuben이
뉴욕의 레스토랑에서 출시하여 미국을 대표하는 샌드위치가 되었다.
이민으로 전해진 각국의 맛이 훌륭하게 어우러진 핫 샌드위치의 정석이다.

MONTREAL SMOKED BEEF SANDWICH

정말 맛있는 기본 샌드위치
12

몬트리올 샌드위치

MONTREAL SMOKED BEEF SANDWICH

빵과 유지

- 1.25cm 두께의 샌드위치 식빵 2장
- 홀그레인 머스터드 버터
  버터 2 : 홀그레인 머스터드 1 적당량

속재료

- 훈제 소고기 슬라이스 125g
- 다진 양파 적당량
- 피클 슬라이스 2㎜ 두께 적당량
- 검은 후추 약간

빵 자르는 방법

- 귀퉁이는 그대로 둔다.
- 세로로 2등분한다.

호텔 뉴오타니 제공점

- **COFFEE SHOP** SATSUKI
  몬트리올 훈제 소고기 샌드위치 2,400엔

HOW TO MAKE

1. 빵은 양면을 굽는다.
   각각 한쪽 면에 홀그레인 머스터드 버터를 바른다.
2. 첫 번째 빵에 피클 슬라이스를 전체적으로 깔고, 훈제 소고기 슬라이스를 얹는다.
   다진 양파를 넣고 검은 후추를 가볍게 뿌린다.
3. 두 번째 빵으로 덮는다.

TIPS!

- 훈제 소고기는 소갈비살을 훈제한 것이다.
  가능하면 훈제용 칩으로 훈제된 것을
  사용하도록 하자.
- 훈제 소고기는 살짝 데우면 더 맛있다.

캐나다의 몬트리올에 있는 델리카트슨 'Schwartz's슈워츠의 대표 메뉴이다.
캐나다산 훈제용 칩으로 훈제된 것만 구하면 샌드위치 준비는 끝!
재료를 아낌없이 듬뿍 넣은 그 맛을 즐겨보자.
❖ 델리카트슨은 육류나 치즈, 가공식품 등을 파는 가게이다.

ROAST BEEF SANDWICH

정말 맛있는 기본 샌드위치
13

로스트비프 샌드위치

ROAST BEEF SANDWICH

빵과 유지
- 1.25cm 두께의 샌드위치 식빵 2장
- 고추냉이 버터버터 2 : 고추냉이 1 적당량

속재료
- 로스트비프 슬라이스 3mm 두께 적당량
- 잎상추 1장
- 적양파 슬라이스 2mm 두께 적당량
- 돈가스소스 적당량

빵 자르는 방법
- 귀퉁이는 자른다.
- 세로로 3등분한다.

호텔 뉴오타니 제공점
- **TEA&COCKTAIL** 가든 라운지
  샌드위치&디저트 뷔페 커피 또는 홍차 포함
  3,800엔
- **COFFEE SHOP** SATSUKI
  메뉴에는 없지만 주문이 들어오면 만든다.

HOW TO MAKE
1. 빵은 각각 한쪽 면에 고추냉이 버터를 바른다.
2. 첫 번째 빵에 두드려 편 잎상추를 얹고,
   그 위에 로스트비프 슬라이스를 쌓는다.
   돈가스소스를 전체적으로 뿌리고
   적양파 슬라이스를 얹어 두 번째 빵으로 덮는다.

TIPS!
- 고추냉이 대신 호스래디시를 사용하면 더 맛있다.

믿을 수 있는 맛을 자랑하는 로스트비프에 고추냉이
또는 호스래디시서양 고추냉이를 섞은 버터를 바르고 채소를 더한다.

TURKEY SANDWICH

정말 맛있는 기본 샌드위치
14

터키 샌드위치

TURKEY SANDWICH

빵과 유지
- 1.25㎝ 두께의 샌드위치 식빵 2장
- 머스터드 버터 적당량

속재료
- 칠면조 고기또는 닭고기,
  구워서 3㎜ 두께로 슬라이스 60g 정도
- 다진 양배추 60g 정도
- 다진 당근 약간
- 마요네즈 2큰술
- 블루베리 잼 1작은술
- 레몬즙 약간

빵 자르는 방법
- 귀퉁이는 자른다.
- 변형하여 3등분한다.

HOW TO MAKE
1 빵은 각각 한쪽 면만 굽고,
  굽지 않은 면에 머스터드 버터를 바른다.
2 양배추, 당근, 마요네즈를 한데 버무린다.
3 블루베리 잼에 레몬즙을 넣어둔다.
4 첫 번째 빵에 3을 바르고
  그 위에 오븐에 구운 칠면조 슬라이스를 얹는다.
  2를 얹고 두 번째 빵으로 덮는다.

TIPS!
- 칠면조 고기가 없다면 닭가슴살로 대체한다.
- 블루베리 잼과 레몬즙 대신
  크랜베리 잼을 사용하면 더 맛있다.

미국의 맛 터키칠면조는 전통적으로 크랜베리 잼을 곁들여 먹는다.
담백한 맛의 터키와 잼이 놀라울 정도로 잘 어울린다.

HAMBURGER SANDWICH

정말 맛있는 기본 샌드위치
15

소고기 햄버거 샌드위치

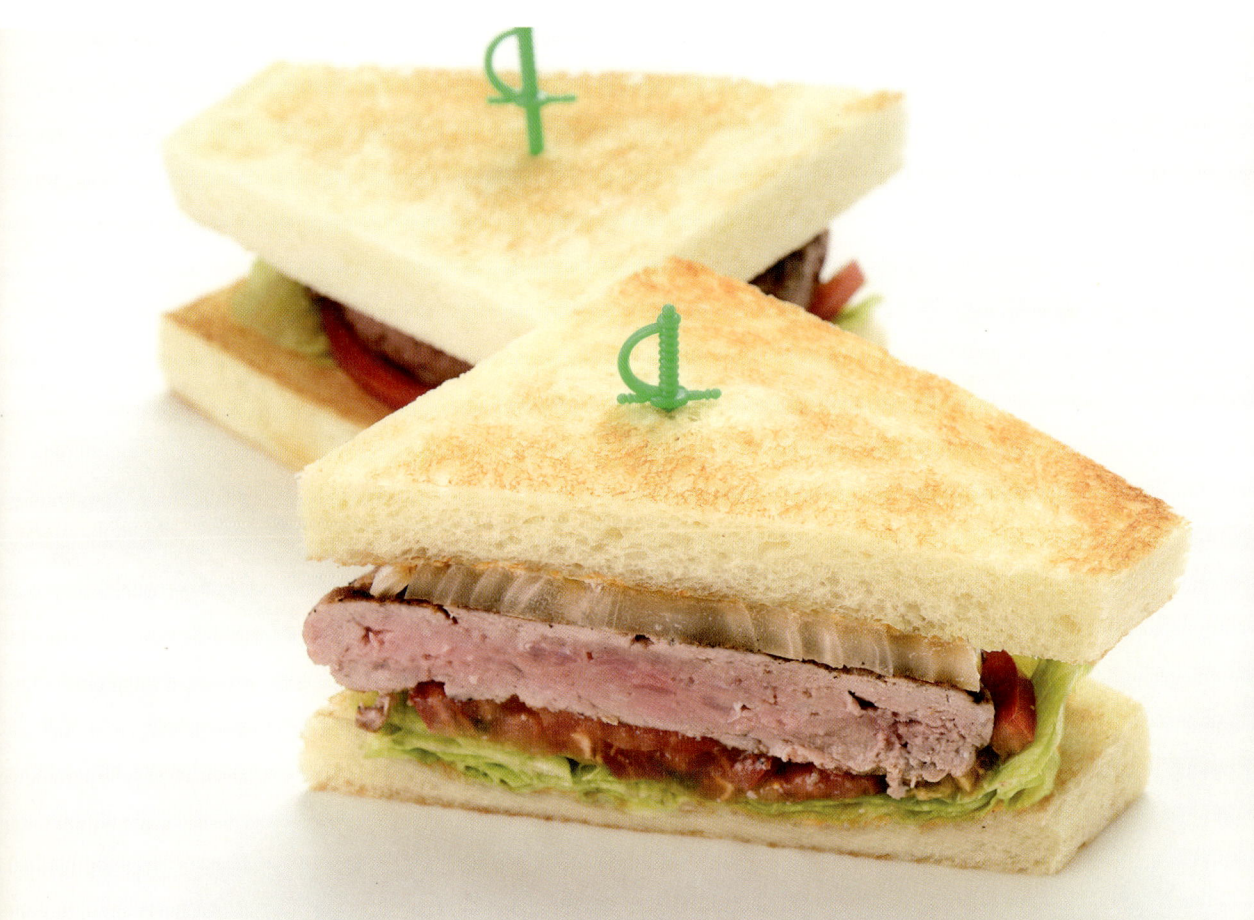

HAMBURGER SANDWICH

빵과 유지

- 1.5㎝ 두께의 샌드위치 식빵 2장
- 머스터드 버터 적당량

속재료

- 햄버거 패티 150g
- 양상추 1장
- 토마토 슬라이스 5㎜ 두께 3조각
- 양파 슬라이스 1㎜ 두께 1조각
- 소금 1꼬집
- 샐러드오일 적당량
  ✣ 샐러드오일은 샐러드드레싱을 만드는 데 쓰는 고급 식용유로, 일반적인 식물성 기름보다 더 정제됐다.

호텔 뉴오타니 제공점

- **COFFEE SHOP** SATSUKI
  소고기 햄버거 샌드위치 2,400엔
  토핑 각 200엔 치즈, 베이컨, 아보카도
- **BAR** 바 카프리
  햄버거 샌드위치 세트 음료 포함 2,900엔
- **TEA&COCKTAIL** 가든 라운지
  GL버거 BEEF 2,600엔
- **INTERNATIONAL** 트레이더 빅스
  트레이더 빅스 특제 햄버거 2,100엔

HOW TO MAKE

1. 빵은 각각 양면을 굽고,
   한쪽 면에 머스터드 버터를 바른다.
   샐러드오일을 두른 팬에 햄버거 패티와
   양파 슬라이스를 굽는다.
2. 첫 번째 빵에 두드려 편 양상추와 토마토를 얹고
   소금을 뿌린다.
3. 2에 구운 패티와 양파를 순서대로 얹는다.
4. 두 번째 빵으로 덮는다.
   픽을 꽂아 고정시키고 자른다.

TIPS!

- 햄버거 패티는 다진 소고기 150g에
  소금과 후추를 넣어 잘 치대고 빵에 맞추어
  타원형으로 모양을 만들어 기름을 두른 팬에서
  표면에 육즙이 나올 때까지 굽는다.
  육즙이 투명하면 완전히 익은 것이다.
  팬에 뚜껑을 덮고 쪄도 된다.

빵 자르는 방법

- 귀퉁이는 자른다.
- 비스듬하게 2등분한다.

달걀이나 빵가루를 넣지 않고 100% 소고기로만 만든 두꺼운 패티와
두껍게 썬 채소에 맞추어 1.5㎝ 두께의 식빵을 사용해 제법 두툼한 샌드위치다.
부담 없이 미국의 맛을 즐겨보자.

CAPRESE SANDWICH

정말 맛있는 기본 샌드위치
16

카프레제 샌드위치

CAPRESE SANDWICH

빵과 유지
- 1.25㎝ 두께의 샌드위치 식빵 2장
- 엑스트라버진 올리브오일 적당량

속재료
- 모차렐라 치즈 슬라이스 5㎜ 두께 60~70g 정도
- 프루트 토마토 슬라이스 5㎜ 두께 1개분
  ✤ 프루트 토마토는 일반 토마토보다 당도와 비타민 함량이 높다.
- 생바질없으면 말린 바질 3~4장
- 소금 약간
- 검은 후추 약간
- 제노베제시판 제품 적당량
  ✤ 제노베제는 바질, 잣, 치즈, 올리브오일 등을 섞어 갈아 만든 소스로 페스토 소스라고도 한다.

빵 자르는 방법
- 귀퉁이는 자른다.
- 십자로 잘라 4등분한다.

HOW TO MAKE
1. 빵은 각각 한쪽 면에 올리브오일을 바른다.
2. 첫 번째 빵에 프루트 토마토 슬라이스를 얹고 소금을 가볍게 뿌린다.
   그 위에 바질과 모차렐라 치즈를 얹고 검은 후추를 뿌린다.
3. 2에 제노베제를 뿌리고 두 번째 빵으로 덮는다.

TIPS!
- 제노베제는 그대로 뿌려도 되지만 제노베제와 마요네즈를 섞어서 바질 마요네즈로 만들어 엑스트라버진 올리브오일 대신 유지로 사용해도 된다.

이탈리아를 대표하는 샐러드인 카프레제로 샌드위치를 만들었다.
엑스트라버진 올리브오일에는 꼭 생바질을 사용해야 한다.
초록색, 흰색, 빨간색의 아름다운 색감이 먹음직스럽다. 접대 요리로도 손색이 없다.

CARROT SANDWICH

정말 맛있는 기본 샌드위치
17

에비베지 당근 샌드위치

CARROT SANDWICH

빵과 유지

- 1.25cm 두께의 샌드위치 식빵 2장
- 엑스트라버진 올리브오일 적당량

속재료

- 당근 가능하면 에비베지 당근, 채썰기 60g
- 엑스트라버진 올리브오일 1큰술
- 메이플 시럽 1큰술
- 레몬즙 1작은술
- 생강즙 1작은술
- 소금, 검은 후추 약간씩

빵 자르는 방법

- 귀퉁이는 자른다.
- 세로로 3등분한다.

호텔 뉴오타니 제공점

- **COFFEE SHOP** SATSUKI
  주문이 들어오면 만든다.

HOW TO MAKE

1. 속재료를 한데 섞어 당근을 가볍게 절인다.
2. 빵은 각각 한쪽 면에 올리브오일을 가볍게 바르고, 첫 번째 빵에 1을 깔고 두 번째 빵으로 덮는다.

TIPS!

- 오렌지 껍질을 갈아 당근에 넣으면 풍미가 깊어진다.
- 커피숍 'SATSUKI'에서는 에비베지의 브랜드명으로 알려진 에비하라 농장의 당근을 사용했다.

에비베지란?

이바라키 현 시모츠케 시에 있는 에비하라 농장의 채소 브랜드다. 채소 본래의 맛을 즐길 수 있어 요리업계에서 주목받고 있다.
호텔 뉴오타니에서는 일찍이 그 맛을 눈여겨보고 건강 채소 샐러드 '기와미'로 제공하고 있다.

독특한 향이 나는 당근을 엑스트라버진 올리브오일, 메이플 시럽, 레몬즙, 생강즙 등으로 버무린 상큼한 샐러드 샌드위치다.

CUCUMBER SANDWICH

정말 맛있는 기본 샌드위치
18

에비베지 오이 샌드위치

CUCUMBER SANDWICH

빵과 유지
- 1.25㎝ 두께의 샌드위치 식빵 2장
- 머스터드 버터 적당량

속재료
- 오이 가능하면 에비베지 오이 1개
- 마요네즈 적당량
- 카레가루 약간
- 소금 약간

빵 자르는 방법
- 귀퉁이는 자른다.
- 대각선으로 잘라 4등분한다.

호텔 뉴오타니 제공점
- **COFFEE SHOP** SATSUKI
  주문이 들어오면 만든다.

HOW TO MAKE
1. 빵은 각각 한쪽 면에 머스터드 버터를 바른다.
2. 오이는 2㎜ 두께로 세로로 얇게 썰어 마요네즈를 버무리고, 카레가루와 소금을 뿌린다.
3. 2를 첫 번째 빵에 얹고 두 번째 빵으로 덮는다.

TIPS!
- 딜이 있으면 다져서 오이에 넣자. 풍미가 더해진다.
  ✣ 딜은 피클이나 생선 요리에 주로 사용하는 허브로 시큼한 맛이 나면서도 끝맛이 부드럽다.
- 커피숍 'SATSUKI'에서는 에비베지의 브랜드 명으로 알려진 에비하라 농장의 오이를 사용했다 p.57 참조.

카레가루를 넣은 마요네즈가 오이의 신선함과
의외로 잘 어울려 상큼한 맛을 내는 샌드위치다.
4등분하여 삼각형 모양으로 자르면 티 샌드위치로 깔끔한 오이의 맛을 즐길 수 있다.
오이는 꼭 신선한 것을 사용해야 한다.

CROQUE-MONSIEUR

정말 맛있는 기본 샌드위치
19

크로크무슈

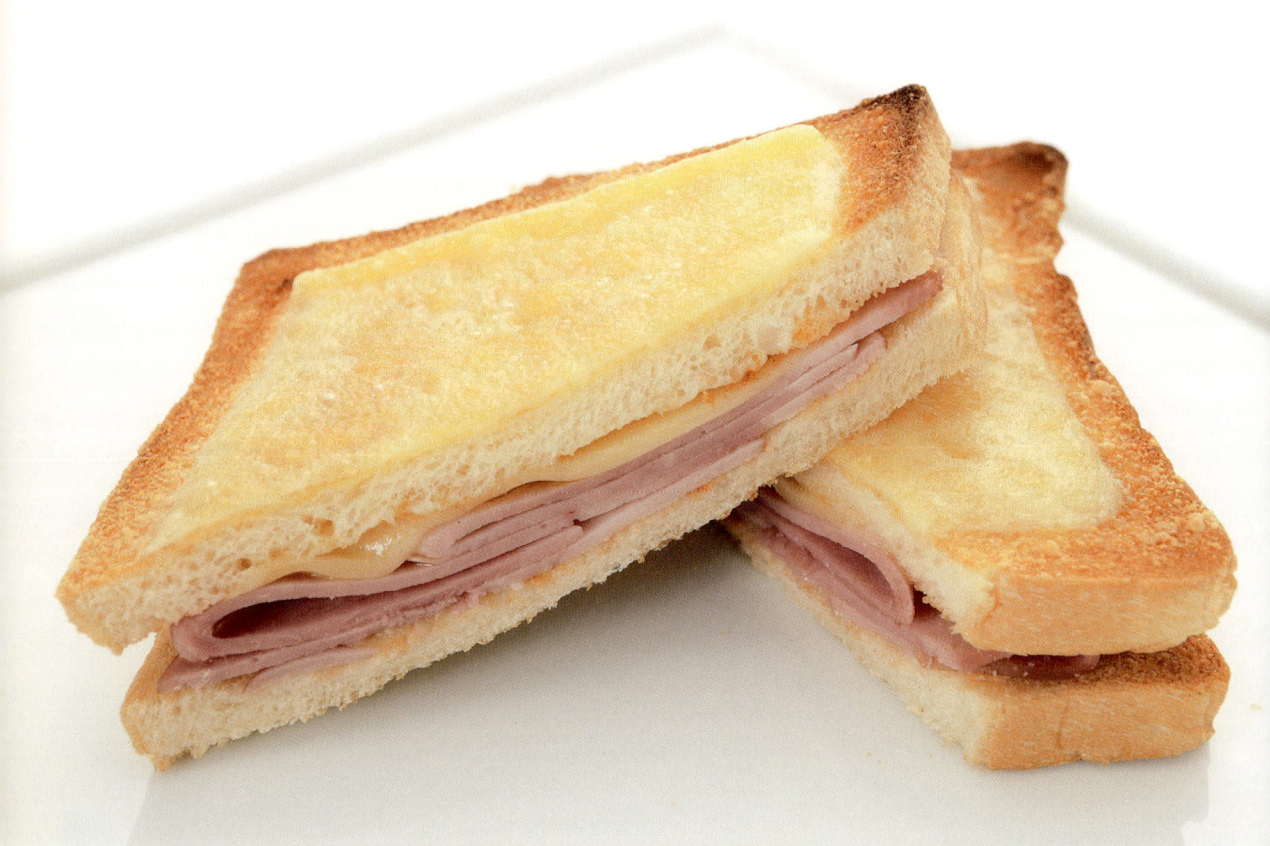

CROQUE-MONSIEUR

빵과 유지

- 1.25㎝ 두께의 샌드위치 식빵 2장
- 베샤멜소스 시판 제품 사용 가능 적당량

속재료

- 슬라이스 햄 3장
- 그뤼에르 치즈 슬라이스 2장
- 카엔페퍼 약간
  ✢ 카엔페퍼는 말린 칠리를 가루로 만든 매운 향신료이다.

빵 자르는 방법

- 귀퉁이는 그대로 둔다.
- 비스듬하게 2등분한다.

HOW TO MAKE

1. 빵은 각각 양면을 굽는다.
2. 한쪽 면에 각각 베샤멜소스를 바르고, 카엔페퍼를 아주 조금 뿌린다.
3. 첫 번째 빵에 슬라이스 햄을 1장씩 접으면서 얹고, 그 위에 그뤼에르 치즈를 1장 얹은 다음 두 번째 빵으로 덮는다.
4. 3 위에 그뤼에르 치즈를 1장 얹고 오븐 토스터에서 굽는다.

TIPS!

- 치즈는 피자 치즈모차렐라 치즈나 일반 슬라이스 치즈를 사용해도 된다.
- 베샤멜소스는 버터 1 : 밀가루 1 : 우유 10의 비율로 만든다.
  작은 냄비에 버터 10g을 녹이다가 밀가루 10g을 가볍게 볶은 후, 데운 우유 100㎖를 몇 번에 나누어 조금씩 넣고 소금과 후추로 간한 다음, 덩어리지면 체에 걸러 사용한다.

20세기 초, 파리에서 생긴 핫 샌드위치다.
지금도 카페나 브라스리에서 간단한 식사로 자주 찾는 인기 메뉴이다.
'Croque'는 '바삭바삭 씹는다', 'monsieur'는 '신사, 남성'을 의미한다.
베샤멜소스를 바르지 않기도 한다.

CROQUE-MADAME

CROQUE-MADAME

정말 맛있는 기본 샌드위치
20

크로크마담

빵과 유지

- 1.25cm 두께의 샌드위치 식빵 2장
- 베샤멜소스 적당량

속재료

- 슬라이스 햄 3장
- 그뤼에르 치즈 슬라이스 2장
- 카옌페퍼 약간
- 달걀 1개
- 샐러드오일 적당량

빵 자르는 방법

- 귀퉁이는 그대로 둔다.
- 오픈 샌드위치

HOW TO MAKE

1. p.60의 크로크무슈와 동일하게 1~4의 순서대로 만든다.
2. 샐러드오일을 두른 팬에 달걀프라이를 구워 1에 얹는다.

크로크마담은 크로크무슈에 달걀프라이를 얹은 것으로,
이름 그대로 숙녀의 샌드위치이다. 톡 터진 노른자가 맛을 돋운다.
빵은 자르지 않고 오픈 샌드위치로 제공하는 것이 일반적이다.

HOT SANDWICH

정말 맛있는 기본 샌드위치
21

핫 샌드위치

HOT SANDWICH

빵과 유지

- 1.25cm 두께의 샌드위치 식빵 2장
- 머스터드 버터 적당량

속재료

- 슬라이스 햄 3장
- 그뤼에르 치즈 슬라이스 1장
- 체다 치즈 슬라이스 1장
- 검은 후추 약간

빵 자르는 방법

- 귀퉁이는 그대로 둔다.
- 대각선으로 잘라 2등분한다.

HOW TO MAKE

1. 첫 번째 빵에 머스터드 버터를 바르고, 그뤼에르 치즈를 간 다음 검은 후추를 뿌린다.
2. 1에 슬라이스 햄과 체다 치즈를 얹고 두 번째 빵으로 덮는다.
3. 샌드위치 메이커에 얹어 누르면서 굽는다.

TIPS!

- 샌드위치 메이커는 전기식, 직화식 등 다양한 종류가 있다. 빵을 좋아한다면 하나쯤 구비해두는 것이 좋다.
- 치즈를 두 종류 사용하면 맛이 더 깊어진다.
- 치즈 대신 베샤멜소스를 발라도 된다.

그뤼에르 치즈와 체다 치즈 두 종류를 사용하면 깊은 맛의 핫 샌드위치가 완성된다.
머스터드 버터를 곁들이면 알싸한 맛이 더해져 자꾸만 손이 간다.

WHITE ASPARAGUS SANDWICH

정말 맛있는 기본 샌드위치
22

화이트 아스파라거스 샌드위치

WHITE ASPARAGUS SANDWICH

빵과 유지

- 1.25cm 두께의 샌드위치 식빵 2장
- 머스터드 버터 적당량

속재료

- 화이트 아스파라거스 4개
- 마요네즈 1큰술
- 레몬즙 약간
- 발사믹 식초 있으면 약간
- 허브 이탈리안 파슬리, 딜, 차빌 등, 다진 것 적당량
- 소금, 후추 약간씩

빵 자르는 방법

- 귀퉁이는 자른다.
- 세로로 3등분한다.

HOW TO MAKE

1 빵은 각각 한쪽 면에 머스터드 버터를 바른다.
2 화이트 아스파라거스는 심지나 뿌리의 딱딱한 부분을 제거하고 소금물에 데친 후 물기를 뺀다. 발사믹 식초, 마요네즈, 레몬즙, 소금, 후추, 허브를 한데 섞어 소스를 만든다.
3 첫 번째 식빵에 데친 아스파라거스를 얹고, 두 번째 빵 안쪽 버터를 바른 쪽에 소스를 듬뿍 발라 덮는다.

TIPS!

- 4월부터 6월 초순의 매우 짧은 기간에만 즐길 수 있는 신선한 화이트 아스파라거스로 만들어보자.
- 발사믹 식초가 맛을 돋우기 때문에 가능하면 넣는 게 좋다.
- 허브는 취향대로 넣는다. 넣지 않아도 된다.

최근에는 봄이 되면 유럽처럼 화이트 아스파라거스가 시중에 나온다.
그래서 화이트 아스파라거스를 보면 꼭 시도해 보고 싶은 샌드위치다.
봄에만 맛볼 수 있는 독특한 요리를 만들어보자.

VEGETABLES JULIENNE SANDWICH

정말 맛있는 기본 샌드위치
23

쥘리엔느 샐러드 샌드위치

VEGETABLES JULIENNE SANDWICH

빵과 유지

- 1.25cm 두께의 샌드위치 식빵 2장
- 머스터드 버터 적당량

속재료

- 채 썬 양배추 20g
- 채 썬 오이 20g
- 채 썬 당근 20g
- 채 썬 셀러리 10g
- 채 썬 적양파 10g
- 채 썬 적피망 10g
- 마요네즈 2큰술
- 참기름 1작은술
- 소금, 후추 약간씩

빵 자르는 방법

- 귀퉁이는 잘라낸다.
- 대각선으로 잘라 4등분한다.

HOW TO MAKE

1. 빵은 각각 한쪽 면에 머스터드 버터를 바른다.
2. 볼에 모든 재료를 넣고 섞는다.
3. 2를 첫 번째 빵 위에 얹고 두 번째 빵으로 덮는다.

'쥘리엔느'는 '채썰기'란 뜻이다.
각종 채소를 최대한 가늘게 채 썰어서 참기름을 넣은 마요네즈에 버무려 넣은 샌드위치이다.
채썰기 솜씨를 시험해보는 것은 어떨까?

EGGS BENEDICT SANDWICH

EGGS BENEDICT SANDWICH

정말 맛있는 기본 샌드위치
24

에그 베네딕트 샌드위치

빵과 유지
- 1.5cm 두께의 샌드위치 식빵 1장
- 무염버터 적당량

속재료
- 달걀 2개
- 햄 8mm 두께 2장
- 식초 2큰술

빵 자르는 방법
- 귀퉁이는 잘라낸다.
- 세로로 2등분한 오픈 샌드위치.

소스
- 달걀노른자 2개
- 화이트와인 비니거 또는 타라곤 비니거 또는 프루트 비니거 1작은술
- 정제 버터 또는 녹인 버터 90㎖
- 레몬즙 약간
- 소금, 후추 약간씩

미국의 호텔 아침식사로 익숙한 에그 베네딕트를 샌드위치 빵으로 만들었다.
뭐니 뭐니 해도 포치드 에그의 완성도와 홀랜다이즈 소스가 맛을 좌우한다.
따뜻한 상태에서 먹어야 하니 홀랜다이즈 소스는 먼저 만들어둔다.

EGGS BENEDICT SANDWICH

홀랜다이즈 소스

HOW TO MAKE

1. 달걀노른자와 비니거, 물 1작은술을 볼에 넣고 중탕하여 거품기로 저으면서 끓인다.
2. 달걀노른자가 걸쭉해지면 불에서 내려 실을 늘어뜨리듯이 버터를 조금씩 넣어 섞는다. 마요네즈 만드는 방법. 레몬즙과 소금, 후추로 간한다.

포치드 에그 수란

HOW TO MAKE

1. 우묵한 냄비에 물을 가득 넣어 끓이다가 식초를 넣는다. 약한 불로 줄이고 달걀을 하나씩 깨뜨려 넣는다.
2. 달걀이 반숙 상태가 되었을 때 꺼내어 물에 헹궈 식초를 씻어낸다.

샌드위치

HOW TO MAKE

1. 빵은 양면을 굽고 윗면에 버터를 가볍게 바른다.
2. 그 위에 구운 햄을 얹고 반으로 자른다.
3. 포치드 에그를 얹는다.
4. 포치드 에그 위에 홀랜다이즈 소스를 뿌려 완성한다.

TIPS!

- 녹인 버터란, 버터를 녹여서 액체 상태로 만든 것을 말한다. 정제 버터는 볼에 넣은 버터를 중탕해서 분리시키고 떠오른 맑은 액체만 따라 모은 것이다. 정제 버터 대신 녹인 버터를 사용해도 된다.

호텔 뉴오타니 제공점

- **TEA&COCKTAIL** 가든 라운지
  GL에그 베네딕트 2,800엔부터
- **COFFEE SHOP** SATSUKI
  에그 베네딕트 1,680엔

EGGS BENEDICT SANDWICH

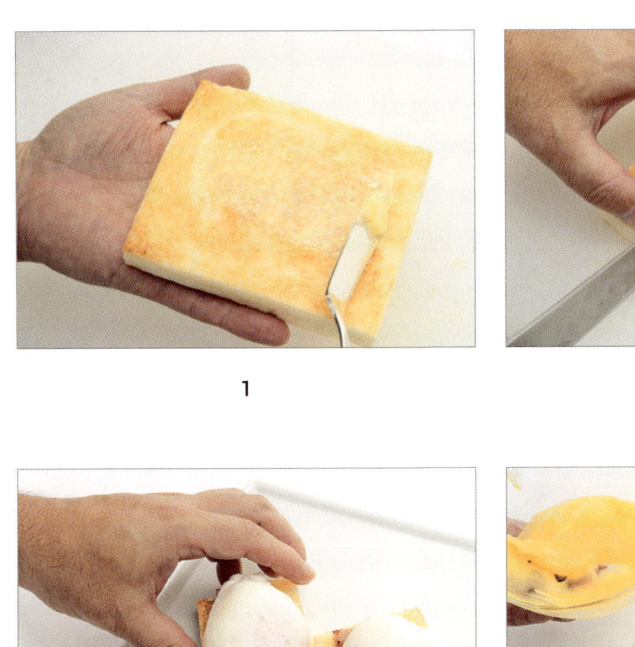

1

2

3

4

PART 02

셰프들의 도전으로 완성된 맛

요리로 거듭난
특별한 샌드위치

NEAPOLITAN SANDWICH

요리로 완성된 특별한 샌드위치
25

나폴리탄 샌드위치

NEAPOLITAN SANDWICH

빵
- 2cm 두께의 샌드위치 식빵 1장

속재료
- 스파게티면 지름 1.6㎜, 3등분하기
  건면 30g / 삶은 면 60g
- 햄 5㎜ 크기로 깍둑썰기 10g
- 양송이버섯 슬라이스 3㎜ 두께 1개분
- 피망채썰기 1/2개
- 양파 슬라이스 2㎜ 두께 10g
- 케첩 2큰술
- 간장, 우스터소스 1작은술씩
- 파슬리다진 것 약간
- 파르메산 치즈가루 약간
- 샐러드오일 적당량

빵 자르는 방법
- 귀퉁이는 그대로 둔다.
- 세로로 2등분한 다음
  주머니 모양으로 만든다.

HOW TO MAKE

1. 스파게티면은 삶아둔다. 팬에 샐러드오일을 두르고 양파, 피망, 햄, 양송이버섯을 볶다가 케첩을 넣고, 삶은 스파게티를 넣어 볶는다. 간장과 우스터소스를 같은 비율로 섞어 넣어 향을 낸다.
2. 빵은 귀퉁이가 있는 상태로 세로로 2등분하고, 귀퉁이가 없는 부분에 칼집을 넣어 주머니 모양으로 만든다. 양면을 굽는다.
3. 2의 빵에 1을 넣고 파슬리와 파르메산 치즈를 뿌린다.

TIPS!

- 주머니 모양을 만들기 위해 빵을 자를 때는 바닥까지 잘리지 않게 칼집을 적당히 넣는다.
- 식빵은 양면을 노릇노릇하게 구워서 주머니 안쪽의 부드러운 부분과 식감에 차이를 준다.

햄, 피망, 양파라는 아주 친근한 재료에 케첩을 곁들여 어른, 아이 모두 좋아하는 나폴리탄 샌드위치!
어릴 때 먹던 그리운 맛을 주머니 모양으로 만든 두꺼운 토스트에 넣었다.
동심으로 돌아가 즐겨보자.

FRIED SOBA NOODLES WITH BEEF SANDWICH

요리로 완성된 특별한 샌드위치
26

소바야키 샌드위치

FRIED SOBA NOODLES WITH BEEF SANDWICH

빵과 유지

- 1.8~2㎝ 두께의 샌드위치 식빵 1장

속재료

- 일본 소바 건면 40g / 삶은 면 100g
- 소고기 5mm 폭으로 썰기 30g
- 양배추 1mm 폭으로 썰기 10g
- 양파채썰기 10g
- 파프리카 3종
  녹색, 적색, 황색, 5mm 폭으로 썰기 10g
- 산파 약간
  ✧ 산파는 파의 일종으로 톡 쏘면서도 향긋한 향이 나는 향신 채소이다.
- 샐러드오일 적당량

소스 만들기 쉬운 분량

- 간장 3큰술
- 맛술 2큰술
- 우스터소스 1큰술
- 설탕 2큰술
- 과립 다시노모토 일본식 다시다 1작은술
- 농축 가쓰오다시 가다랑어 분말 1작은술
- 다시마차 1작은술

HOW TO MAKE

1. 냄비에 소스 재료를 모두 넣고 끈기가 생길 때까지 가볍게 끓여둔다.
2. 팬에 샐러드오일을 두르고 양배추, 양파, 파프리카 3종, 소고기를 볶다가 미리 삶아둔 소바를 넣어 1의 소스 2큰술을 두른다.
3. 빵은 잘라 주머니 모양으로 만들고, 양면을 구운 다음 2를 채워 넣는다. 겉에 다진 산파를 뿌린다.

TIPS!

- 야키소바가 아니라 일본 소바를 사용한 소바야키는 커피숍 'SATSUKI'의 인기 메뉴이다. 'SATSUKI'에서 그 맛을 꼭 음미해보면 좋겠다.

빵 자르는 방법

- 귀퉁이는 그대로 둔다.
- 세로로 2등분한 다음 주머니 모양으로 만든다.

'야키소바'가 아니라 일본 소바를 사용한 소바야키다.
호텔 뉴오타니 'SATSUKI'의 인기 메뉴로, 소바야키를 샌드위치로 만든 요리이다.
쫄깃쫄깃한 소바에 진한 소스가 잘 어우러져 중독성이 있다.

POTATO SALAD SANDWICH

POTATO SALAD SANDWICH

요리로 완성된 특별한 샌드위치
27

감자 샐러드 샌드위치

빵과 유지

- 1.25㎝ 두께의 샌드위치 식빵 2장
- 머스터드 버터 적당량

속재료

- 감자 샐러드 80g
- 잎상추 1장
- 프렌치머스터드 1작은술
- 돈가스소스 1큰술

빵 자르는 방법

- 귀퉁이는 잘라낸다
- 대각선으로 잘라 삼각형으로 4등분한다.

HOW TO MAKE

1. 빵 각각 한쪽 면에 머스터드 버터를 바른다.
2. 첫 번째 빵에 감자 샐러드와 프렌치머스터드를 섞어서 얹고 돈가스소스를 전체적으로 뿌린다. 그 위에 두드려 편 잎상추를 얹고 두 번째 빵을 덮는다.

TIPS!

- 감자 샐러드 재료는 감자, 오이, 당근, 햄, 양파 등 취향대로 선택해서 만들어도 되고, 시판 제품을 사용해도 된다. 프렌치머스터드를 듬뿍 넣으면 신맛이 난다.
- 돈가스소스가 맛의 악센트가 된다.

감자 샐러드에 프렌치머스터드를 섞어
신맛을 더하고 돈가스소스를 뿌려 악센트를 준 샌드위치다.
누구에게나 친숙한 맛을 선사한다.

OMELET SANDWICH

요리로 완성된 특별한 샌드위치
28

오믈렛 샌드위치

OMELET SANDWICH

빵과 유지

- 1.5cm 두께의 샌드위치 식빵 2장
- 머스터드 버터 적당량
- 케첩 적당량
- 돈가스소스 적당량

속재료

- 달걀 3개
- 맛술 1작은술
- 설탕 1작은술
- 우유 2큰술
- 소금 약간
- 샐러드오일 적당량

빵 자르는 방법

- 귀퉁이는 자른다.
- 세로로 3등분한다.

HOW TO MAKE

1 먼저 오믈렛을 만든다.
   볼에 속재료를 넣고 섞은 다음,
   샐러드오일을 두른 팬에 부어 오믈렛을 굽는다.
2 빵은 양면을 굽고, 각각 한쪽 면에
   머스터드 버터를 바른다.
   첫 번째 빵에 전체적으로 케첩을 바르고,
   두 번째 빵에는 돈가스소스를 바른다.
3 첫 번째 빵에 1을 얹고 두 번째 빵으로 덮는다.

TIPS!

- 오믈렛은 맛술과 설탕을 넣어 단맛을 낸다.
  맛술로 감칠맛을, 설탕으로 단맛을 낸다고
  생각하면 된다.
- 오믈렛과 빵 사이에 양파 슬라이스를 넣어
  맛의 악센트를 줄 수도 있다.

맛술과 설탕을 넣어 달달하게 만드는 오믈렛은 두툼하게 완성하는 것이 좋다.
오믈렛의 부드러운 식감과 맛에 각종 소스와 머스터드 버터의 알싸한 맛이 잘 어우러진다.

CARBONARA SANDWICH

요리로 완성된 특별한 샌드위치
29

카르보나라 샌드위치

CARBONARA SANDWICH

빵과 유지
- 1.25cm 두께의 샌드위치 식빵 2장
- 머스터드 버터 적당량

속재료
- 달걀 2개
- 생크림 70ml
- 베이컨 직사각형으로 썰기 1장
- 마요네즈 적당량
- 파르메산 치즈 적당량
- 소금 적당량
- 검은 후추 약간
- 버터 10g

빵 자르는 방법
- 귀퉁이는 자른다.
- 3등분한다.

HOW TO MAKE

1. 빵은 각각 한쪽 면만 굽고, 굽지 않은 면에 머스터드 버터를 바른다.
2. 볼에 달걀, 생크림, 소금을 넣어 가볍게 젓다가 버터를 두른 팬에 붓고 스크램블 에그를 만든다.
3. 다른 팬에 베이컨을 볶아둔다.
4. 스크램블 에그, 베이컨, 마요네즈, 파르메산 치즈를 볼에 넣어 섞은 후, 첫 번째 빵에 얹고 두 번째 빵으로 덮는다.
   자르고 나서 빵 단면에 검은 후추를 뿌린다.

TIPS!
- 스크램블 에그는 완전히 익히지 않고 반숙이 되도록 한다.
- 검은 후추는 맛을 내는 데 필요하므로 꼭 뿌린다.

베이컨의 향과 검은 후추로 풍미를 더한 카르보나라를
샌드위치의 재료로 만든 도전적인 요리다.
카르보나라만의 부드러운 반숙 상태를 유지하도록 한다.

HAM AND CHEESE FRENCH TOAST

요리로 완성된 특별한 샌드위치
30

햄 치즈 프렌치토스트

HAM AND CHEESE FRENCH TOAST

빵과 유지
- 1.25㎝ 두께의 샌드위치 식빵 2장

속재료
- 슬라이스 햄 1장
- 체다 치즈 슬라이스 1장
- 버터 적당량

달걀 반죽
- 달걀 2개
- 우유 3큰술
- 그래뉴당 1작은술
  ✣ 그래뉴당은 결정이 작은 설탕으로 조리나 제빵 등에 사용한다.

빵 자르는 방법
- 귀퉁이는 자른다.
- 비스듬하게 2등분한다.

HOW TO MAKE
1 볼에 달걀, 우유, 그래뉴당을 넣고 프렌치토스트 달걀 반죽을 만든다.
2 빵 2장을 겹쳐 귀퉁이를 자르고 사이에 햄과 치즈를 넣은 다음 1의 반죽에 담근다. 전체적으로 반죽이 스며들면 버터를 두른 팬에 올려 양면을 굽는다.
3 노릇노릇하게 구워지면 오븐 또는 오븐 토스터에 넣고 속까지 익힌다.

정통 프렌치토스트다. 단맛을 조절하면 식사용 프렌치토스트도 간단히 만들 수 있다. 햄과 치즈를 넣고 노릇노릇하게 구운 프렌치토스트는 프랑스에서 인기 있는 아침 메뉴다.

SAUTEED SHRIMP IN CHILI SAUCE SANDWICH

요리로 완성된 특별한 샌드위치
31

칠리 새우 샌드위치

SAUTEED SHRIMP IN CHILI SAUCE SANDWICH

빵과 유지
- 1.5㎝ 두께의 샌드위치 식빵 2장
- 마요네즈 1큰술
- 참기름 1작은술

속재료
- 새우 8~10마리크기에 따라
- 두반장 1큰술
- 대파다지기 5㎝ 정도
- 다진 마늘, 다진 생강 1작은술씩
- 닭고기 육수 50㎖
- 녹말물 또는 옥수수전분물 적당량
- 샐러드오일 2큰술
- 잎상추 1장

새우 밑간
- 소금 1작은술
- 녹말가루+물 1큰술씩
- 달걀흰자 1큰술
- 녹말가루 1작은술
- 샐러드오일 1큰술

빵 자르는 방법
- 귀퉁이는 자른다.
- 세로로 3등분한다.

HOW TO MAKE

1. 먼저 새우를 밑간해둔다. 새우에 소금을 뿌리고 찰기가 생길 때까지 잘 문지른 다음, 녹말가루와 물을 넣어 더 문지르고 물로 씻어낸다. 물기를 닦아낸 다음, 달걀흰자, 녹말가루, 샐러드오일을 넣어 재운다.
2. 1을 150℃ 온도의 기름분량 외에서 가볍게 익힌다.
3. 팬에 샐러드오일을 두르고 두반장을 볶다가 대파, 마늘, 생강, 닭고기 육수, 칠리소스를 넣는다. 한 김 끓이다가 2의 새우를 넣고 녹말물을 부어 걸쭉하게 만든다.
4. 빵은 양면을 굽고 각각 한쪽 면에 마요네즈와 참기름 섞은 것을 바른다.
5. 첫 번째 빵에 두드려 편 잎상추를 깔고 3을 얹는다. 두 번째 빵으로 덮는다.

칠리소스
- 설탕 1큰술
- 케첩 2큰술
- 간장 1작은술
- 후추 약간

중국 요리로 익숙한 인기 메뉴를 샌드위치로 만들었다.
양면을 구워 바삭한 빵의 식감과 새우의 탱탱한 식감을 동시에 즐길 수 있다.

MEAT SAUCE OPEN SANDWICH

MEAT SAUCE OPEN SANDWICH

요리로 완성된 특별한 샌드위치
32

미트소스 오픈 샌드위치

빵과 유지
- 1.5㎝ 두께의 샌드위치 식빵 1장

속재료
- 미트소스 시판 제품 2큰술
- 모차렐라 치즈 또는 녹는 치즈 20g 정도
- 파르메산 치즈가루 약간
- 다진 파슬리 약간

빵 자르는 방법
- 귀퉁이는 그대로 둔다.
- 십자로 잘라 4등분한 오픈 샌드위치.

HOW TO MAKE
1. 빵은 양면을 굽는다.
2. 미트소스를 전체적으로 바르고 모차렐라 치즈를 군데군데 얹는다. 파르메산 치즈를 전체적으로 뿌리고 오븐 토스터에서 굽는다.
3. 치즈가 녹아 노릇노릇하게 구워지면 파슬리를 뿌린다.

TIPS!
- 미트소스는 시판 제품을 사용해도 된다.
- 파르메산 치즈를 넣으면 향과 감칠맛이 더해진다.

파스타 소스인 미트소스를 이용해 오픈 샌드위치를 만들었다.
피자용 치즈를 뿌려 오픈 샌드위치로 만들면 맥주 안주로도 좋다.
어른도, 아이도 모두 좋아하는 맛이다.

PORK AND MUSHROOM WITH TOMATO CURRY SANDWICH

요리로 완성된 특별한 샌드위치

33

카레 풍미를 낸
삼겹살 토마토 샌드위치

PORK AND MUSHROOM WITH TOMATO CURRY SANDWICH

빵과 유지
- 1.5cm 두께의 샌드위치 식빵 2장
- 머스터드 버터 적당량

속재료
- 삼겹살 3mm 두께 100g
- 양파 슬라이스 2mm 두께 1/4개분
- 토마토 홀또는 다이스 150㎖
- 다진 파슬리 약간
- 카레가루 1큰술
- 무염버터 1큰술
- 설탕 1작은술
- 파르메산 치즈가루 약간
- 옥수수전분물 약간
- 올리브오일 적당량
- 소금, 후추 적당량씩

빵 자르는 방법
- 귀퉁이는 자른다.
- 세로로 2등분한다.

HOW TO MAKE

1. 빵은 양면을 굽고, 각각 한쪽 면에 머스터드 버터를 바른다.
2. 팬에 올리브오일을 두르고 양파를 가볍게 볶은 후 삼겹살을 볶다가 카레가루, 소금, 후추를 넣어 간한다. 여기에 토마토 홀을 넣고 설탕으로 신맛을 조절하면서 가볍게 끓인다. 어느 정도 끓으면 버터와 파르메산 치즈를 넣고, 전분물을 넣고 걸쭉하게 만든다. 마지막으로 파슬리를 뿌린다.
3. 첫 번째 빵에 한 김 식힌 2를 얹고 두 번째 빵으로 덮는다.

삼겹살을 토마토소스에 끓여 카레 풍미를 낸 속재료가
구운 샌드위치 빵과 상상할 수 없이 근사한 맛의 조화를 이룬다.
뱃속까지 든든해지는 샌드위치다.

FRIED FISH FRIKAKE SANDWICH

요리로 완성된 특별한 샌드위치
34

하와이풍
도미 후리가케 샌드위치

FRIED FISH FRIKAKE SANDWICH

빵과 유지
- 1.5cm 두께의 샌드위치 식빵 2장

속재료
- 도미살 껍질 없음 80g
- 소금, 후추 적당량씩
- 달걀물, 밀가루 적당량씩
- 후리가케 20g
- 건조 빵가루 20g
- 튀김용 기름 적당량
- 체다 치즈 슬라이스 1장
- 타르타르소스 만드는 방법은 p.115 2큰술
- 양상추 1장

후리가케 만들기 쉬운 분량
- 코코넛 로스트, 다지기 10g
- 마카다미아 너트 다지기 10g
- 볶은 흰 깨 10g
- 볶은 검은 깨 10g
- 염장 다시마 2g
- 소금 1g
- 파래 약간
- 구운 김 1g
- 고춧가루 3g

HOW TO MAKE
1. 빵은 양면을 굽는다.
2. 볼에 후리가케 재료를 넣어 한데 섞는다.
3. 도미는 칼집을 넣거나 두드려서
   빵과 같은 크기로 만들어 소금과 후추로 밑간한 후,
   밀가루와 달걀물을 차례로 묻히고,
   2의 후리가케 20g과 건조 빵가루를 섞은
   튀김옷을 입힌다.
   170~180℃ 온도의 기름에 튀긴다.
4. 첫 번째 빵에 두드려 편 양상추를 깔고, 3을 얹는다.
   그 위에 치즈와 타르타르소스를 뿌리고
   두 번째 빵으로 덮는다.
   픽을 꽂아 고정시키고 자른다.

TIPS!
- 도미살이 아니어도 상관없다.
  흰살 생선이면 무엇이든 된다.
- 코코넛과 마카다미아 너트는 비닐봉지에 넣어
  절구 등으로 두드려 잘게 부순다.
- 취향에 따라 김 달걀 후리가케를 사용해도 된다.

빵 자르는 방법
- 귀퉁이는 자른다.
- 비스듬하게 2등분한다.

로스트 코코넛이나 마카다미아 너트, 검은 깨, 흰 깨, 염장 다시마, 김 등을 섞은 튀김옷을 입혀
튀겨낸 흰살 생선은 큰 인기를 얻는 메뉴이다.
치즈와 타르타르소스를 곁들이면 매우 맛있는 요리가 된다.

SWEET CORN FRITTER SANDWICH

요리로 완성된 특별한 샌드위치
35

스위트콘 프리터 샌드위치

SWEET CORN FRITTER SANDWICH

빵과 유지
- 1.25cm 두께의 샌드위치 식빵 2장
- 머스터드 버터 적당량

속재료
- 옥수수통조림 50g
- 아보카도 슬라이스 5mm 두께 1/4개분
- 토마토 슬라이스 5mm 두께 3조각
- 베이컨 3mm 두께 2장
- 마요네즈 1큰술
- 엑스트라버진 올리브오일 적당량
- 소금 적당량

프리터 반죽 만들기 쉬운 분량
- 밀가루 40g
- 우유 2큰술
- 달걀 1개
- 그래뉴당 1작은술
- 소금 약간

빵 자르는 방법
- 귀퉁이는 그대로 둔다.
- 대각선으로 4등분하여 삼각형으로 만든다.

HOW TO MAKE
1 빵은 양면을 구워 머스터드 버터를 바른다.
2 프리터 반죽을 만든다.
  볼에 밀가루와 그래뉴당, 소금을 넣어 섞고,
  다른 볼에서 섞어둔 우유와 달걀을
  조금씩 넣으면서 덩어리가 지지 않도록 섞는다.
3 물기를 뺀 옥수수를 2에 섞은 후,
  올리브오일을 넉넉하게 두른 팬에 넣어 굽는다.
4 첫 번째 빵에 3의 구운 프리터, 토마토 슬라이스,
  소금, 아보카도, 마요네즈, 구운 베이컨을 얹고
  두 번째 빵으로 덮는다.
  픽을 꽂아 고정시키고 자른다.

TIPS!
- 제철이면 생옥수수를 사용하는 것이 더 맛있다.

아보카도나 토마토, 베이컨 등의 재료에 옥수수의 단맛을 더해 입이 즐거워지는 요리이다.
옥수수의 단맛이 재료의 맛을 하나로 잡아준다.

STEWED PORK SANDWICH

요리로 완성된 특별한 샌드위치
36

돼지고기 조림 샌드위치

STEWED PORK SANDWICH

빵과 유지
- 1.25cm 두께의 샌드위치 식빵 2장
- 머스터드 버터 적당량
- 홀그레인 머스터드 1작은술

속재료
- 통 삼겹살 500~600g
- 청주 200㎖
- 간장 4큰술
- 설탕 3큰술
- 다시마 20g
- 물 800㎖ 정도
- 대파채썰기 5cm 정도
- 다진 산파 약간
- 옥수수전분물 적당량
- 샐러드오일 적당량

빵 자르는 방법
- 귀퉁이는 자른다.
- 세로로 3등분한다.

HOW TO MAKE

1. 먼저 돼지고기 조림을 만든다.
   삼겹살을 5~6cm 크기로 썰어 볼에 넣고,
   간장을 넣어 잘 버무려 10분 정도 재운다.
   샐러드오일을 두른 팬에 가장자리를 가볍게 굽다가
   냄비로 옮겨 청주를 넣어 끓인다. 알코올을 날리고
   다 끓으면 설탕과 다시마를 넣은 후,
   고기가 잠길 정도의 물을 붓고 끓인다.
   끓기 시작하면 불순물을 걷어내면서
   고기가 익을 때까지 끓인다^{1시간 반에서 2시간 정도}.
   조림 국물에 전분물을 넣어 걸쭉하게 만든다.
2. 빵은 각각 한쪽 면에 머스터드 버터를 바른다.
3. 첫 번째 빵에 8mm 두께로 얇게 썬 돼지고기 조림을
   얹는다. 전체적으로 조림 국물을 바르고
   그 위에 채 썬 파와 산파를 뿌린다.
   두 번째 빵에 홀그레인 머스터드를 바르고 덮는다.

TIPS!
- 돼지고기 조림은 전날 만들어서 하룻밤 숙성시킨 후
  사용하는 것이 좋다.

두툼한 돼지고기 조림을 듬뿍 넣은 샌드위치다.
달고 짭짤한 조림 국물도 걸쭉하게 만들어서 돼지고기에 묻혀 사용해야 한다.
자꾸만 먹고 싶은 요리이다.

FRIED BEEF STEW SANDWICH

요리로 완성된 특별한 샌드위치
37

비프스튜 튀김 샌드위치

FRIED BEEF STEW SANDWICH

빵과 유지
- 1.5cm 두께의 샌드위치 식빵 2장

속재료
- 소고기 70g
- 밀가루, 달걀물, 건조 빵가루 적당량씩
- 튀김용 기름 적당량

소스
- 그래뉴당 15g
- 비프스튜 소스시판 제품 200㎖
- 소금, 검은 후추 약간씩
- 옥수수전분물 적당량

빵 자르는 방법
- 귀퉁이는 자른다.
- 세로로 2등분한 후 주머니 모양으로 만든다.

HOW TO MAKE
1. 먼저 소스를 만든다. 냄비에 그래뉴당과 물 약간분량 외을 넣어 끓이다가 캐러멜 상태가 되었을 때 스튜 소스를 넣고 소금과 검은 후추로 간한다. 소스가 끓으면 전분물을 넣어 걸쭉하게 만들고 식힌다.
2. 빵은 주머니 모양으로 자른다.
3. 적당한 크기로 자른 고기와 1의 소스를 섞어 첫 번째 빵의 주머니 안에 넣고 주머니 위치를 잘 맞춰 두 번째 빵으로 덮는다.
4. 3에 밀가루를 뿌리고, 달걀물을 입힌 다음, 건조 빵가루도 묻힌다. 기름을 많이 두른 팬에 넣고 약한 불에서 천천히 튀기듯 굽는다.

TIPS!
- 시판 비프스튜를 사용할 경우에도 1의 과정을 더하면 레토르트나 통조림의 냄새를 없앨 수 있다. 레드와인을 넣어도 좋다.

호텔 뉴오타니 제공점
- 빵&케이크 파티세리 SATSUKI
  건강 튀김빵 시리즈 비프스튜 빵 840엔

진한 비프스튜를 빵에 넣고 기름을 많이 둘러 튀기듯 구워 튀김빵처럼 만들었다.
비프스튜는 레토르트 같은 시판 제품을 사용하면 간단하게 만들 수 있다.

CORNED BEEF AND ONION SANDWICH

요리로 완성된 특별한 샌드위치
38

콘비프 양파 샌드위치

CORNED BEEF AND ONION SANDWICH

빵과 유지
- 1.25cm 두께의 샌드위치 식빵 2장

속재료
- 콘비프통조림 40g
  ✥ 콘비프는 소금에 절인 소고기를 쪄서 통조림으로 만든 것이다.
- 양파 슬라이스 1mm 두께 1/4개분
- 마요네즈 2큰술
- 우스터소스 1작은술
- 검은 후추 약간
- 샐러드오일 적당량

빵 자르는 방법
- 귀퉁이는 자른다.
- 대각선으로 4등분하여 삼각형으로 만든다.

HOW TO MAKE
1. 빵은 양면을 굽는다.
2. 콘비프는 살짝 데우고, 양파는 샐러드오일을 두른 팬에 볶는다.
3. 2를 섞어 마요네즈와 우스터소스를 넣고, 검은 후추로 간한다.
4. 첫 번째 빵에 3을 얹고 두 번째 빵으로 덮는다.

콘비프는 양파와 볶으면 눈이 휘둥그레질 정도로 맛있는 요리로 대변신한다.
마요네즈와 우스터소스로 간을 맞추면 맛이 더욱 배가된다.

MINCED CUTLET SANDWICH

요리로 완성된 특별한 샌드위치
39

민스 커틀릿 샌드위치

MINCED CUTLET SANDWICH

빵과 유지
- 1.5㎝ 두께의 샌드위치 식빵 2장
- 머스터드소스 적당량

속재료
- 양배추채썰기 50g
- 돈가스소스 적당량
- 달걀물, 밀가루, 생빵가루 적당량씩
- 튀김용 기름 적당량

민스 커틀릿 패티 만들기 쉬운 분량
- 다진 고기 200g
- 다진 양파 50g
- 다진 베이컨 1/2장
- 밀가루, 빵가루 적당량씩
- 달걀 1개
- 우유 1큰술
- 콩소메 또는 치킨 스톡 1큰술
    ✤ 콩소메는 고기나 채소를 삶은 국물을 맑게 걸러낸 것이다.
- 케첩 1작은술
- 너트메그 약간
    ✤ 너트메그는 단맛과 약간의 쓴맛이 나는 향신료이다.
- 소금, 검은 후추 약간씩

HOW TO MAKE
1. 빵은 양면을 굽는다.
2. 민스 커틀릿을 만든다. 패티 재료를 한데 섞은 후, 여러 번 치대고 빵과 같은 모양으로 만든다.
3. 패티에 밀가루, 달걀물, 빵가루를 순서대로 묻혀 160~170℃ 온도의 기름에서 튀긴다.
4. 첫 번째 빵에 채 썬 양배추를 깔고, 3을 얹은 뒤 돈가스소스를 뿌린다. 머스터드소스를 바른 두 번째 빵으로 덮는다.

TIPS!
- 시판 민스 커틀릿을 사용해도 된다. 머스터드소스와 돈가스소스를 듬뿍 바르면 맛있다.
- 커피숍 'SATSUKI'에서 제공되는 민스 커틀릿은 기름을 잘 빼기 위해 140℃의 저온에서 6분, 180℃의 고온에서 1분, 두 번 튀기지만 가정에서는 160~170℃의 중온에서 한 번만 튀겨도 된다.

빵 자르는 방법
- 귀퉁이는 자른다.
- 세로로 2등분한다.

육즙이 가득한 민스 커틀릿을 샌드위치로 만들었다.
튀김옷의 바삭바삭한 식감, 양배추의 아삭아삭한 식감이 더해져
볼륨감 있고 기본에 충실한 맛이 완성된다.

SHRIMP CUTLET SANDWICH

요리로 완성된 특별한 샌드위치
40

새우 커틀릿 샌드위치

SHRIMP CUTLET SANDWICH

빵과 유지

- 1.5cm 두께의 샌드위치 식빵 2장

속재료

- 깐 새우 4마리 약 100g
- 밀가루, 달걀물, 생빵가루 적당량씩
- 타르타르소스 만드는 방법은 p.115 참조 2큰술
- 양배추채썰기 50g
- 돈가스소스 약간
- 소금, 후추 약간씩
- 튀김용 기름 적당량

빵 자르는 방법

- 귀퉁이는 자른다.
- 세로로 3등분한다.

HOW TO MAKE

1. 빵은 한쪽 면을 굽는다.
2. 새우는 일자가 되도록 꼬치에 끼워 소금과 후추로 밑간하고, 밀가루, 달걀물, 빵가루를 순서대로 묻혀 160~170℃ 온도의 기름에 튀긴다.
3. 첫 번째 빵의 굽지 않은 면에 채 썬 양배추를 깔고, 꼬치를 뺀 2의 새우튀김을 머리와 꼬리가 교차되게 잘 늘어놓는다.
4. 새우튀김 위에 돈가스소스를 뿌리고 타르타르소스를 전체적으로 바른다. 두 번째 빵을 굽지 않은 면이 안쪽으로 오게 하여 덮는다.

TIPS!

- 새우의 단면이 보이도록 새우를 나열하는 방향에 주의한다. 자를 때는 새우를 나열한 방향의 직각으로 자른다.

저녁식사로 새우튀김을 만들었다면 샌드위치용으로 4개를 꼭 남겨두자.
채 썬 양배추에 돈가스소스와 타르타르소스를 섞어 바르면 무척 맛있다.

MILLE-FEUILLE HAM CUTLET SANDWICH

MILLE-FEUILLE HAM CUTLET SANDWICH

요리로 완성된 특별한 샌드위치

41

밀푀유 햄 커틀릿 샌드위치

빵과 유지

- 1.5cm 두께의 샌드위치 식빵 2장

속재료

- 슬라이스 햄 2mm 두께 4장
- 밀가루, 달걀물, 건조 빵가루 적당량씩
- 돈가스소스 약간
- 튀김용 기름 적당량

빵 자르는 방법

- 귀퉁이는 자른다.
- 6등분한다.

HOW TO MAKE

1. 빵은 양면을 굽는다.
2. 햄은 밀가루, 달걀물, 빵가루를 순서대로 입혀 200~220℃ 온도의 기름에서 바삭하게 튀긴다.
3. 2에 돈가스소스를 전체적으로 바르고 첫 번째 빵에 얹은 후, 두 번째 빵으로 덮는다.

TIPS!

- 슬라이스 햄을 여러 겹 겹쳐 식감도 부드럽고 모양도 예쁘다. 슬라이스 햄만 있으면 금세 만들 수 있어 간편하다.
- 햄 커틀릿은 기름에 넣어 바로 노릇노릇해지도록 180℃ 이상의 고온에서 튀긴다.

두꺼운 햄이 아니라 슬라이스 햄을 겹쳐서 커틀릿으로 만드는 것이 포인트이다.
부드럽고 육즙 많은 햄 커틀릿과 빵은 최고의 조합이다.

STEWED HAMBURG SANDWICH

요리로 완성된 특별한 샌드위치
42

햄버그스테이크 샌드위치

STEWED HAMBURG SANDWICH

빵과 유지
- 1.5cm 두께의 샌드위치 식빵 2장

속재료
- 양배추채썰기 50g
- 마요네즈 1큰술
- 샐러드오일 적당량

패티 4~5인분
- 다진 고기 500g
- 다진 양파 100g
- 생빵가루 또는 건조 빵가루 5g
- 달걀 1개
- 케첩 1작은술
- 프렌치머스터드 1/2작은술
- 소금 약 5g
- 검은 후추 적당량
- 너트메그 약간

빵 자르는 방법
- 귀퉁이는 자른다.
- 비스듬하게 2등분한다.

HOW TO MAKE
1 빵은 양면을 굽는다.
2 볼에 패티 재료를 전부 넣고 잘 치대어 공기를 빼고, 빵의 크기에 맞추어 타원형으로 만든 다음, 샐러드오일을 두른 팬에 양면이 갈색이 되게 굽는다.
3 2에 스테이크 소스 재료를 모두 넣고, 뚜껑을 덮어 10~15분 정도 끓인다.
4 채 썬 양배추를 마요네즈에 버무려 첫 번째 빵에 얹고, 그 위에 3을 얹은 다음 두 번째 빵으로 덮는다. 픽을 꽂아 고정시키고 자른다.

스테이크 소스
- 물 150㎖
- 레드와인 100㎖
- 토마토 씨를 털어내고 깍둑썰기 1개
- 케첩 1큰술
- 우스터소스 2큰술
- 카레가루 1꼬집

잘 구운 햄버거스테이크를 레드와인과 토마토 등의 소스로 뭉근히 끓여 부드럽고 아주 맛있다.
고기가 제법 두툼하니 샌드위치 빵은 두꺼운 것을 선택한다.

CHICKEN TERIYAKI SANDWICH

요리로 완성된 특별한 샌드위치
43

데리야키 치킨 샌드위치

CHICKEN TERIYAKI SANDWICH

빵과 유지
- 1.25cm 두께의 샌드위치 식빵 2장

속재료
- 닭고기다리살 1조각
- 녹말가루 또는 옥수수전분 1큰술
- 양상추 1장
- 토마토 슬라이스 5mm 두께 2조각
- 마요네즈 적당량
- 샐러드오일 적당량
- 소금, 후추 적당량씩

소스
- 간장 2큰술
- 설탕 1큰술
- 맛술 1큰술
- 청주 1큰술

빵 자르는 방법
- 귀퉁이는 자른다.
- 비스듬하게 2등분한다.

HOW TO MAKE
1. 빵은 양면을 굽는다.
2. 닭고기는 소금과 후추를 뿌려 밑간하고, 녹말가루를 전체적으로 뿌린 다음, 샐러드오일을 두른 팬에 껍질부터 노릇하게 굽는다. 양면이 구워지면 소스 재료를 넣어 국물이 없어질 때까지 조린다.
3. 첫 번째 빵에 두드려 편 양상추를 깔고 마요네즈를 뿌린다. 그 위에 토마토 슬라이스를 얹고 적당한 크기로 자른 2를 올린 후, 두 번째 빵으로 덮는다. 픽을 꽂아 고정시키고 자른다.

모두에게 인기 있는 데리야키 치킨.
가정의 기본 반찬이었던 달고 짭짤한 치킨 요리는 이제 세계적인 맛이 되었다.
데리야키 치킨은 샌드위치 재료로도 잘 어울린다. 달고 짭짤한 소스를 듬뿍 넣으면 더욱 맛있다.

FRIED SALMON SANDWICH

요리로 완성된 특별한 샌드위치
44

구운 연어 샌드위치

FRIED SALMON SANDWICH

빵과 유지
- 1.5cm 두께의 샌드위치 식빵 2장
- 머스터드 버터 적당량

속재료
- 연어 필레껍질 없는 것 80g
- 밀가루, 달걀물, 건조 빵가루 적당량씩
- 토마토 슬라이스 5mm 두께 2조각
- 양상추 1장
- 소금, 후추 약간씩
- 튀김용 기름 적당량

타르타르소스
- 마요네즈 50g
- 다진 양파 1큰술
- 다진 피클 1큰술
- 다진 파슬리 약간

빵 자르는 방법
- 귀퉁이는 자른다.
- 비스듬하게 2등분한다.

HOW TO MAKE
1 빵은 양면을 굽고, 각각 한쪽 면에 머스터드 버터를 바른다.
2 연어는 소금과 후추를 뿌려 밑간하고, 밀가루, 달걀물, 빵가루를 순서대로 묻혀 180℃ 이상 온도의 기름에서 튀긴다.
3 첫 번째 빵에 토마토, 두드려 편 양상추, 타르타르소스, 2의 연어를 순서대로 얹고, 두 번째 빵으로 덮는다. 픽을 꽂아 고정시키고 자른다.

TIPS!
- 타르타르소스는 마요네즈에 다진 양파와 다진 피클을 넣고 미리 만들어둔다. 파슬리가 있으면 다져서 넣는다.
- 연어는 두께에 따라 빵가루를 달리해야 한다. 연어가 두꺼우면 생빵가루를, 얇으면 가루가 부드러운 건조 빵가루를 사용하는 게 좋다.

두껍게 썬 연어 필레를 커틀릿으로 만들고
신맛이 나는 타르타르소스와 채소를 곁들여 샌드위치를 만들었다.
파티에도 내놓을 수 있는 근사한 요리를 샌드위치로 만들어보자.

MINCED CHICKEN AND EGGS SANDWICH

요리로 완성된 특별한 샌드위치
45

닭고기 소보로 달걀 샌드위치

MINCED CHICKEN AND EGGS SANDWICH

빵과 유지
- 1.25㎝ 두께의 샌드위치 식빵 2장
- 고추냉이 버터버터 2 : 고추냉이 1 적당량

속재료
- 다진 닭고기 80g
- 달걀 1개
- 마요네즈 1큰술
- 소금, 후추 약간씩
- 샐러드오일 적당량

소스
- 간장 2큰술
- 설탕 1큰술
- 맛술 1큰술
- 청주 1큰술

빵 자르는 방법
- 귀퉁이는 자른다.
- 3등분한다.

HOW TO MAKE
1. 빵은 각각 한쪽 면에 고추냉이 버터를 바른다.
2. 닭고기는 샐러드오일을 두른 팬에서 볶다가 소스 재료를 넣어 끓인다.
3. 샐러드오일을 두른 팬에 달걀을 볶고 소금과 후추를 뿌려 간한 다음, 마요네즈를 넣어 버무린다.
4. 첫 번째 빵에 2를 전체적으로 깔고, 3을 얹어 두 번째 빵으로 덮는다.

도시락 반찬으로 인기인 닭고기 소보로와 볶은 달걀을
마요네즈로 버무려서 샌드위치 속재료로 사용했다.
버터에 고추냉이를 넣어 매운맛을 더해 어른의 입맛에도 맞다.

FRIED CHICKEN TATSUTA-AGE SANDWICH

요리로 완성된 특별한 샌드위치
46

다츠타아게 샌드위치

FRIED CHICKEN TATSUTA-AGE SANDWICH

빵과 유지
- 1.5cm 두께의 샌드위치 식빵 2장
- 머스터드 버터 적당량

속재료
- 닭고기다리살 1조각
- 양상추 1장
- 타르타르소스 만드는 방법은 p.115 참조 적당량
- 녹말가루 적당량
- 튀김용 기름 적당량

밑간 양념
- 간장 1큰술
- 맛술 2작은술
- 청주 1작은술
- 다진 생강 1작은술

빵 자르는 방법
- 귀퉁이는 자른다.
- 비스듬하게 2등분한다.

HOW TO MAKE
1. 빵은 양면을 굽는다.
2. 닭고기는 밑간 양념에 15분 이상 재웠다가 녹말가루를 묻혀 160~170℃ 온도의 기름에서 바삭하게 튀긴다.
3. 첫 번째 빵의 한쪽 면에 머스터드 버터를 바르고 두드려 편 양상추를 깐다. 타르타르소스를 바르고 2의 닭고기를 얹어 머스터드 버터를 바른 두 번째 빵으로 덮는다. 픽을 꽂아 고정시키고 자른다.

다츠타아게는 고기를 일본식 조미료로 밑간하고 녹말가루를 묻혀 튀긴 일본의 대표적인 가정식 요리다. 샌드위치 재료로도 그만이다. 머스터드 버터의 알싸한 맛을 곁들이면 빵과 최고의 조합을 자랑한다.

KINPIRA SANDWICH

요리로 완성된 특별한 샌드위치
47

긴피라 샌드위치

KINPIRA SANDWICH

빵과 유지
- 1.25cm 두께의 샌드위치 식빵 2장
- 고추냉이 버터버터 2 : 고추냉이 1
  적당량

속재료
- 긴피라당근, 우엉 60g
- 마요네즈 1큰술
- 참기름 1작은술
- 간장 약간
- 잎상추 1장
- 시치미 취향대로 적당량

빵 자르는 방법
- 귀퉁이는 자른다.
- 대각선으로 4등분하여 삼각형을 만든다.

HOW TO MAKE

1. 빵은 각각 한쪽 면에 고추냉이 버터를 바른다.
2. 첫 번째 빵에 두드려 편 잎상추를 깔고, 마요네즈, 참기름, 간장, 시치미로 버무린 긴피라를 전체적으로 얹어 두 번째 빵으로 덮는다.

TIPS!

- 긴피라는 채 썬 당근과 우엉을 참기름을 두른 냄비에서 볶다가 간장 1큰술, 설탕 1큰술, 맛술 1큰술, 청주 약간을 넣고 끓인 것이다.
- 당근과 우엉을 최대한 가늘게 채 썰면 샌드위치와의 궁합이 좋아진다.

달고 짭짤한 긴피라를 마요네즈로 버무려서 고추냉이 버터를 듬뿍 바른 빵에 넣으면
어른용 점심식사로 그만이다.
조촐한 홈파티나 포트락 파티의 메뉴로도 권한다.

GINGER-FRIED PORK SANDWICH

요리로 완성된 특별한 샌드위치
48

돼지고기 생강구이 샌드위치

GINGER-FRIED PORK SANDWICH

빵과 유지
- 1.25cm 두께의 샌드위치 식빵 2장
- 머스터드 버터 적당량

속재료
- 돼지고기 등심얇게 썰기 적당량
- 잎상추 1장
- 양배추채썰기 50g
- 마요네즈 1큰술
- 샐러드오일 적당량

양념장
- 간장 1큰술
- 맛술 1큰술
- 다진 생강 1작은술

빵 자르는 방법
- 귀퉁이는 자른다.
- 세로로 3등분한다.

HOW TO MAKE
1. 빵의 한쪽 면에 머스터드 버터를 바른다.
2. 돼지고기는 양념장에 20분 이상 재워둔다.
3. 샐러드오일을 두른 팬에 2의 돼지고기를 굽다가 색이 변하면 고기를 재웠던 양념장을 부어 조린다.
4. 첫 번째 빵에 두드려 편 잎상추를 깔고, 3의 돼지고기를 얹는다. 그 위에 마요네즈를 버무린 채 썬 양배추를 얹고 두 번째 빵으로 덮는다.

밥반찬으로 자주 먹는 돼지고기 생강구이를 빵에 넣으면 새로운 세계가 열린다.
물론 채 썬 양배추를 듬뿍 넣고 알록달록한 잎상추도 잊지 않는다.
머스터드 버터는 중요한 역할을 한다.

EGG AND BEANS SPROUTS SANDWICH

요리로 완성된 특별한 샌드위치

49

달걀 콩나물 샌드위치

EGG AND BEANS SPROUTS SANDWICH

빵과 유지

- 1.8~2㎝ 두께의 샌드위치 식빵 1장

속재료

- 달걀 1개
- 콩나물 1줌
- 소금, 후추 약간씩
- 설탕 1작은술
- 간장 1작은술
- 샐러드오일 적당량
- 다진 파슬리 약간

빵 자르는 방법

- 귀퉁이는 그대로 둔다.
- 세로로 2등분하여 주머니 모양으로 만든다.

HOW TO MAKE

1. 빵은 세로로 2등분하고 귀퉁이가 없는 부분에 칼집을 넣어 주머니 모양을 만든다. 양면을 굽는다.
2. 샐러드오일을 두른 팬에서 콩나물을 볶다가 달걀을 넣고 잘 섞는다. 소금, 후추, 설탕, 간장으로 간한다.
3. 2를 주머니 모양으로 만든 빵에 채우고 파슬리를 뿌린다.

TIPS!

- 달고 짭짤하게 만들기 때문에 소금과 후추는 조금만 뿌린다.

학창시절에 자주 먹던 그리운 맛이다.
콩나물의 아삭아삭한 식감과 고소한 토스트의 향이 잘 어울린다.
달고 짭짤한 맛이 입맛을 살린다.

PORK SAUSAGE AND DRIED CURRY SAUCE SANDWICH

요리로 완성된 특별한 샌드위치
50

소시지 카레 샌드위치

PORK SAUSAGE AND DRIED CURRY SAUCE SANDWICH

빵과 유지
- 1.5cm 두께의 샌드위치 식빵 2장

속재료
- 소시지 5개

드라이카레 루
- 다진 돼지고기 100g
- 양파다지기 1/2개
- 당근다지기 1/4개
- 피망다지기 1/2개
- 다진 생강 1작은술
- 마늘다지기 1/2쪽
- 카레가루 1큰술
- 토마토 1개
- 케첩 1큰술
- 레드와인 50㎖
- 물 75㎖
- 고형 부용 약간
  - ❖ 부용은 육류, 생선, 채소, 향신료 등을 넣고 맑게 우려낸 육수이다.
- 엑스트라버진 올리브오일 1큰술
- 옥수수전분물 약간

HOW TO MAKE
1 빵은 한쪽 면을 굽는다.
2 드라이카레 루를 만든다.
  냄비에 올리브오일을 두르고 마늘과 생강을 넣어 향을 낸 다음, 양파를 볶다가 당근과 피망을 넣어 볶고 돼지고기를 넣는다. 고기 색이 변하면 카레가루와 레드와인을 넣고 끓인다.
  수분이 없어지면 토마토, 케첩, 물, 고형 부용을 넣고 20분 정도 더 끓이다가 전분물을 넣어 걸쭉하게 만든다.
3 첫 번째 빵에 2의 카레 루를 바르고, 데쳐서 살짝 구운 소시지를 얹는다. 두 번째 빵으로 덮는다.

TIPS!
- 고형 부용은 감칠맛을 내기 위해 넣는다.
- 시판 고형 카레 루를 사용하면 전분물을 넣지 않아도 걸쭉해진다.

빵 자르는 방법
- 귀퉁이는 자른다.
- 세로로 3등분한다.

두꺼운 빵에 소시지와 드라이카레가 듬뿍 들어갔다.
드라이카레는 카레가루, 고기, 채소 등을 볶은 것으로, 액상처럼 걸쭉하지 않고 고슬고슬한 것이 특징이다.
샌드위치 재료로도 그만이다. 카레 맛에 매료되어 배가 불러도 자꾸만 손이 간다.

SPICY FRIED ONION SANDWICH

요리로 완성된 특별한 샌드위치
51

스파이시 구운 양파 샌드위치

SPICY FRIED ONION SANDWICH

빵과 유지
- 1.25㎝ 두께의 샌드위치 식빵 2장
- 사워크림 1큰술

속재료
- 양파 1㎝ 두께로 통썰기 1조각
- 건조 빵가루 적당량
- 케이준 스파이스 적당량
- 달걀 1개
- 밀가루 20g
- 소금, 후추 적당량씩
- 산파송송 썰기 약간
- 튀김용 기름 적당량

빵 자르는 방법
- 귀퉁이는 자른다.
- 세로로 3등분한다.

HOW TO MAKE
1. 빵은 각각 한쪽 면에 사워크림을 바른다.
2. 소금, 후추, 밀가루, 달걀을 섞어 반죽옷을 만든다. 양파에 반죽옷을 입히고 케이준 스파이스를 섞은 건조 빵가루를 묻혀 170~180℃ 온도의 기름에 튀긴다.
3. 첫 번째 빵에 산파를 전체적으로 뿌리고 2의 양파를 얹는다. 두 번째 빵에도 산파를 뿌리고 덮는다.

TIPS!
- 케이준 스파이스가 없다면 갖고 있는 향신료를 잘 섞어 사용한다. p.153 참조.
- 양파의 층이 단면에 보이도록 빵을 자르는 방향에 주의한다.

두툼하게 통으로 썬 양파를 튀겨서 넣기만 했는데 맛있는 샌드위치가 되었다.
양파는 적은 양의 기름으로도 튀기듯 구울 수 있기 때문에 부담 없이 만들 수 있다.

PART 03

재료의 맛이 돋보이는 오픈&롤

눈과 입이 즐거운
이색 샌드위치

DRY TOMATO AND SPINACH ROLL

DRY TOMATO AND SPINACH ROLL

눈과 입이 즐거운 이색 샌드위치
52

드라이 토마토 시금치 롤 샌드위치

빵과 유지
- 1.25㎝ 두께의 샌드위치 식빵 2장
- 머스터드 버터 적당량

속재료
- 세미드라이 토마토 병조림 4조각
- 시금치잎 2~3장

빵 자르는 방법
- 귀퉁이는 자른다.
- 2등분한 롤 샌드위치.

랩을 사용하여 사탕처럼 빵을 싸서 만드는 롤 샌드위치는 풀어지지 않도록 꽉,
하지만 너무 세게 말지 않는 것이 요령이다. 한입 크기로 파티 메뉴로도 안성맞춤이다.
색깔이 아름다운 재료를 선택해보자.

DRY TOMATO AND SPINACH ROLL

1

2

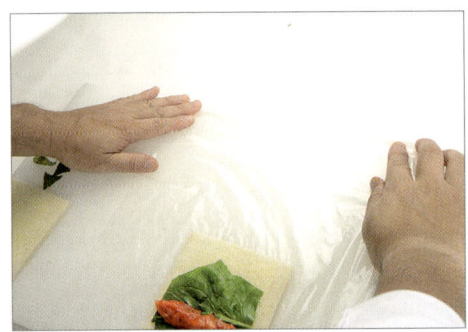

3

4

DRY TOMATO AND SPINACH ROLL

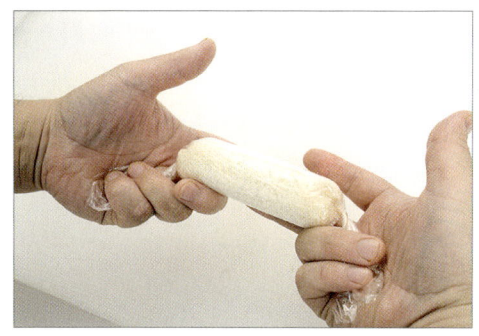

4

5

HOW TO MAKE

1 귀퉁이를 잘라낸 빵의 한쪽 면에 머스터드 버터를 바른다.
2 1에 시금치잎의 부드러운 부분을 깔고 드라이 토마토를 가로로 죽 나열한다.
3 랩을 깔고 그 위에 2를 놓는다.
4 김밥을 말듯이 랩을 사용하여 빵을 돌돌 만다.
5 랩의 양끝을 손가락으로 감듯이 말아서 모양을 정돈한다.
  같은 방식으로 하나 더 만든다.
6 각각 2등분한다.

TIPS!

· 세미드라이 토마토는 오일에 절인 것을 그대로 사용한다.
  드라이 토마토의 맛으로 먹는 샌드위치다.
· 식빵을 말 때 방향에 주의한다.
  빵의 결에 평행하게 감으면 반죽이 찢어진다.
  반면 식빵의 바닥 부분에서 위를 향해 감으면 잘 말린다.

TARAKO AND MASHED POTATOES ROLL

눈과 입이 즐거운 이색 샌드위치
53

타라모살라타 롤 샌드위치

TARAKO AND MASHED POTATOES ROLL

빵과 유지
- 1.25㎝ 두께의 샌드위치 식빵 2장
- 머스터드 버터 적당량

속재료
- 감자 1개약 200g
- 명란젓 1덩이
- 산파송송 썰기 적당량
- 마요네즈 1큰술
- 엑스트라버진 올리브오일 적당량
- 레몬즙 약간
- 소금, 후추 적당량씩

빵 자르는 방법
- 귀퉁이는 자른다.
- 2등분한 롤 샌드위치.

HOW TO MAKE
1. 귀퉁이를 잘라낸 빵의 각각 한쪽 면에 머스터드 버터를 바른다.
2. 감자는 삶거나 찐 다음, 볼에 넣어 으깬다.
3. 2에 명란젓, 마요네즈, 올리브오일, 레몬즙을 넣어 섞고, 소금과 후추로 간한 후, 산파를 넣는다.
4. 각각의 빵에 3을 얹고 랩을 사용하여 만다.

TIPS!
- 명란젓의 짠맛이 샌드위치 맛의 포인트가 된다.

어란을 크림처럼 부드럽게 만든 그리스 음식인 타라모살라타를 응용한 샌드위치다.
명란젓의 아름다운 분홍색이 돋보인다.
산파 등 녹색 채소를 뿌려 잘랐을 때 더욱 먹음직스럽다.

AVOCADO AND TOMATO GUACAMOLE ROLL

눈과 입이 즐거운 이색 샌드위치
54

아보카도 토마토 과카몰리 롤 샌드위치

AVOCADO AND TOMATO GUACAMOLE ROLL

빵과 유지
- 1.25cm 두께의 샌드위치 식빵 2장

속재료
- 아보카도 7mm 크기로 깍둑썰기 1/2개
- 토마토 7mm 크기로 깍둑썰기 1/4개
- 다진 양파 1큰술
- 레몬즙 1작은술
- 엑스트라버진 올리브오일 적당량
- 검은 후추 약간
- 고수향채 약간
- 다진 할라피뇨 약간
- 화이트와인 비니거 약간

빵 자르는 방법
- 귀퉁이는 자른다.
- 2등분한 롤 샌드위치.

HOW TO MAKE
1. 볼에 속재료를 모두 넣고 잘 섞는다.
2. 빵은 귀퉁이를 잘라내고 각각 1을 발라 랩으로 싸서 돌돌 만다.

TIPS!
- 할라피뇨와 화이트와인 비니거는 생략해도 되지만, 넣으면 더욱 완성도 높은 과카몰리가 된다.

과카몰리는 아보카도 딥에 고수와 할라피뇨 등을 섞어 만든 대표적인 멕시코 요리로 매콤한 맛이 특징이다. 과카몰리를 롤 샌드위치로 만들면 색다른 요리가 된다. 토마토의 붉은색과 아보카도 딥의 초록색이 조화를 이루며 눈으로 맛보는 즐거움까지 선사하다.

POTATO CRISPS ROLL

POTATO CRISPS ROLL

눈과 입이 즐거운 이색 샌드위치
55

포테이토칩 롤 샌드위치

빵과 유지
- 1.25cm 두께의 샌드위치 식빵 2장

속재료
- 포테이토칩시판 제품 40g
- 마요네즈 1큰술

빵 자르는 방법
- 귀퉁이는 자른다.
- 2등분한 롤 샌드위치.

HOW TO MAKE

1. 포테이토칩을 비닐봉지에 넣고 두드려서 잘게 부순다.
2. 볼에 1과 마요네즈를 넣어 버무린다.
3. 귀퉁이를 잘라낸 빵에 각각 2를 깔고 랩을 사용하여 롤 모양으로 만다.

TIPS!

- 포테이토칩은 좋아하는 것을 고른다. 짭짤한 맛 등 맛이 확실한 것이 좋다.
- 포테이토칩 자체에 간이 배어 있으므로 마요네즈에 버무리기만 하면 된다.

포테이토칩이 샌드위치의 속재료가 된다고? 의아하게 여겨질지도 모르겠지만,
먹어보면 멈출 수 없는 맛이라는 사실을 알게 될 것이다.
포테이토칩은 마요네즈에 버무리기만 해도 놀랄 정도로 맛있는 재료로 탈바꿈한다.

CRISPY CHICKEN ROLL

눈과 입이 즐거운 이색 샌드위치
56

북경오리식
크리스피 치킨 롤 샌드위치

CRISPY CHICKEN ROLL

빵과 유지
- 1.25㎝ 두께의 샌드위치 식빵 2장

속재료
- 닭고기 껍질 1/2마리분
- 대파채썰기 약 5㎝
- 오이채썰기 적당량

소스
- 아카미소 100g
  ✥ 아카미소는 담백한 맛의 붉은 된장이다.
- 물 150㎖
- 설탕 60g
- 청주 80㎖
- 간장 1큰술
- 참기름 1작은술

빵 자르는 방법
- 귀퉁이는 자른다.
- 2등분한 롤 샌드위치.

HOW TO MAKE
1. 냄비에 참기름 이외의 소스 재료를 넣고 끓인다. 타지 않도록 약한 불에서 저으면서 15~20분 정도 졸인다. 마무리로 참기름을 둘러 향을 낸다.
2. 닭고기 껍질은 달군 팬에서 바삭하게 굽고, 적당한 크기의 길쭉한 모양으로 썬다.
3. 귀퉁이를 잘라낸 빵 각각의 한쪽 면에 1의 소스를 바르고, 2와 채 썬 파, 오이를 얹는다. 랩을 사용하여 롤 모양으로 만다.

TIPS!
- 닭고기는 껍질만 사용한다. 남은 살코기로는 닭고기찜을 만든다 p.152.

닭고기 껍질을 바삭바삭하게 구워 북경오리의 맛을 냈다.
맛이 진하고 껍질의 식감이 입을 즐겁게 한다.
남은 살코기는 다른 샌드위치 재료로 사용하면 된다.

CAESAR SALAD SANDWICH

눈과 입이 즐거운 이색 샌드위치

57

시저샐러드 오픈 샌드위치

CAESAR SALAD SANDWICH

빵과 유지
- 1.25cm 두께의 샌드위치 식빵 1장

속재료
- 로메인 상추 적당량
- 베이컨 3mm 두께, 직사각형으로 썰기 1장
- 파르메산 치즈 약간
- 검은 후추 약간
- 마늘 1/2쪽

드레싱 소스 사용량의 2배 분량
- 달걀노른자 2개분
- 미강유 또는 샐러드오일 120㎖
  ❖ 미강유는 쌀겨로 짠 기름이다.
- 안초비 필레 다지기 2조각
  ❖ 안초비는 멸치류의 작은 생선을 소금에 절인 것이다.
- 다진 마늘 약간 1g 정도
- 케첩 1작은술
- 우스터소스 1작은술

빵 자르는 방법
- 귀퉁이는 그대로 둔다.
- 오픈 샌드위치.

HOW TO MAKE
1. 빵은 양면을 바삭하게 굽고, 재료를 얹는 면에 마늘을 문질러 향을 낸다.
2. 소스를 만든다. 볼에 달걀노른자와 다진 마늘을 넣고, 미강유를 실 모양으로 천천히 넣으며 거품기로 섞는다. 여기에 안초비, 케첩, 우스터소스를 넣고 간을 맞춘다.
3. 바삭하게 구운 베이컨과 잘게 찢은 로메인 상추를 섞고, 2의 소스를 버무린다.
4. 빵에 3을 얹고 파르메산 치즈와 검은 후추를 뿌린다.

TIPS!
- 바닥에 깐 빵은 크루통을 대신한다.
  빵은 노릇노릇하게 굽는 것이 포인트다.

빵 자체가 접시 같은 오픈 샌드위치로 드레싱 소스가 관건이다.
소스를 마요네즈처럼 제대로 유화시켜 만들어야 한다.

COLESLAW SANDWICH

눈과 입이 즐거운 이색 샌드위치
58

햄 코울슬로 샐러드 샌드위치

COLESLAW SANDWICH

빵과 유지
- 1.25cm 두께의 샌드위치 식빵 2장
- 머스터드 버터 적당량

속재료
- 양배추채썰기 50g
- 슬라이스 햄채썰기 2장
- 다진 셀러리 1작은술
- 마요네즈 2큰술
- 식초쌀 식초 약간
- 꿀 1작은술

빵 자르는 방법
- 귀퉁이는 자른다.
- 대각선으로 4등분하여 삼각형으로 만든다.

HOW TO MAKE
1. 빵은 각각 한쪽 면에 머스터드 버터를 바른다.
2. 볼에 양배추, 햄, 셀러리를 넣고, 마요네즈, 식초, 꿀을 섞어 맛을 낸다.
3. 첫 번째 빵에 2를 얹고 두 번째 빵으로 덮는다.

TIPS!
- 시판 제품 코울슬로를 사용해도 된다.

양배추와 햄, 셀러리를 마요네즈와 쌀 식초로 버무리고 꿀의 부드러운 단맛을 더한 코울슬로.
메인 요리에 주로 곁들이는 이 코울슬로는 샌드위치의 좋은 재료가 된다.
양배추는 되도록 가늘게 채 썰고 채소는 듬뿍 넣자.

ONION AND ANCHOVY OPEN SANDWICH

눈과 입이 즐거운 이색 샌드위치
59

양파 안초비 오픈 샌드위치

ONION AND ANCHOVY OPEN SANDWICH

빵과 유지
- 1.25cm 두께의 샌드위치 식빵 1장

속재료
- 양파 슬라이스 1mm 두께 1/2개분
- 안초비 필레 1조각
- 블랙 올리브 슬라이스 2mm 두께 2개분
- 오레가노 생 또는 드라이 적당량
- 엑스트라버진 올리브오일 적당량
- 물 적당량
- 버터 적당량
- 소금, 검은 후추 약간씩

빵 자르는 방법
- 귀퉁이는 그대로 둔다.
- 대각선으로 4등분한 오픈 샌드위치.

HOW TO MAKE
1. 빵은 양면을 굽는다.
2. 팬에 버터를 두르고 양파 슬라이스를 볶는다. 양파가 노릇노릇해지면 물을 조금 넣어 익힌다. 양파가 물렁물렁해지고 갈색이 되면 접시에 옮겨 소금과 검은 후추로 간한다.
3. 빵 위에 **2**를 전체적으로 얹고 적당하게 썬 안초비 필레를 올린다. 오레가노와 블랙 올리브로 장식하고 올리브오일을 두른다.

달달 볶아 갈색이 된 양파의 맛을 안초비의 짠맛으로 정리한 오픈 샌드위치다.
술안주로도 그만이다.

SHRIMP AND BASIL FRIED OPEN SANDWICH

눈과 입이 즐거운 이색 샌드위치
60

새우 바질 튀김빵

SHRIMP AND BASIL FRIED OPEN SANDWICH

빵과 유지
- 1.25cm 두께의 샌드위치 식빵 1장

속재료
- 새우살 100g
- 바질잎 또는 푸른 차조기잎다지기 1장
- 달걀흰자 1/3개분
- 소금, 후추 약간씩
- 샐러드오일 또는 올리브오일 적당량

빵 자르는 방법
- 귀퉁이는 자른다.
- 대각선으로 4등분한 오픈 샌드위치.

TIPS!
- 태국에서 술안주로 인기가 많은 오픈 샌드위치이다. 바질을 넣으면 본고장의 맛을 더욱 살릴 수 있다.

HOW TO MAKE
1. 새우살은 잘게 다진다.
2. 볼에 1을 넣고 다진 바질과 달걀흰자, 소금, 후추를 넣어 잘 섞는다.
3. 2를 빵 전체에 바른다.
4. 팬에 샐러드오일을 넉넉하게 두르고 3을 넣어 새우를 익힌다.
5. 익으면 뒤집어서 반대쪽도 튀기듯 굽는다.
6. 귀퉁이를 잘라내고 대각선으로 4등분하여 삼각형으로 자른다.

새우를 다져서 점성을 빼고 달걀흰자와 소금, 후추로 간하여 튀기듯이 구운 튀김빵이다.
새우를 듬뿍 올리는 것이 포인트로, 한입 먹으면 결코 멈출 수 없는 무척 매혹적인 맛이다.

CHICKEN AND SPICY CREAM CHEESE SANDWICH

눈과 입이 즐거운 이색 샌드위치
61

닭고기 스파이시 크림치즈 샌드위치

CHICKEN AND SPICY CREAM CHEESE SANDWICH

빵과 유지

- 1.25cm 두께의 샌드위치 식빵 2장
- 크림치즈 1큰술
- 케이준 스파이스시판 제품 약간
- 갈릭 파우더또는 다진 마늘 약간
- 검은 후추 약간

속재료

- 닭고기가슴살 1조각
- 잎상추 1장
- 양파 슬라이스2mm 두께 2~3조각

빵 자르는 방법

- 귀퉁이는 자른다.
- 대각선으로 4등분하여 삼각형으로 만든다.

HOW TO MAKE

1. 크림치즈에 케이준 스파이스와 갈릭 파우더, 검은 후추를 넣어 섞는다.
2. 1을 빵의 각각 한쪽 면에 바르고 첫 번째 빵에 두드려 편 잎상추를 얹는다. 그 위에 삶은 닭고기를 5mm 두께로 얇게 썰어 얹고 두 번째 빵으로 덮는다.

TIPS!

- 북경오리식 크리스피 치킨 롤 샌드위치p.142를 만들고 남은 가슴살을 사용한다. 닭고기를 삶아두면 응용하기가 쉬우니 잊지 말고 요리에 활용하자.
- 케이준 스파이스는 믹스된 시판 제품을 사용한다. 직접 만든다면 파프리카, 카엔페퍼, 검은 후추, 갈릭 파우더, 오레가노, 타임, 커민, 소금 등을 섞으면 된다.

북경오리식 치킨p.142을 만들고 남은 가슴살을 사용한다. 담백한 가슴살에 향신료를 뿌려 원하는 맛으로 만들어보자.

HAM AND CHEESE SANDWICH

HAM AND CHEESE SANDWICH

눈과 입이 즐거운 이색 샌드위치
62

햄 치즈 밀푀유 샌드위치

빵과 유지

- 1.25㎝ 두께의 샌드위치 식빵 2장
- 머스터드 버터 적당량

속재료

- 슬라이스 햄 4장
- 체다 치즈 슬라이스 4장

빵 자르는 방법

- 귀퉁이는 자른다.
- 2등분한다.

HOW TO MAKE

1. 빵은 각각 한쪽 면에 머스터드 버터를 바른다.
2. 햄과 치즈를 교대로 하나씩 얹은 다음 1㎝ 폭의 길쭉한 모양으로 자른다.
3. 첫 번째 빵에 2의 자른 단면이 위로 오게 죽 나열한다.
   두 번째 빵으로 덮고 햄과 치즈 방향에 직각으로 2등분한다.

TIPS!

- 햄과 치즈를 놓는 방법과 빵을 자르는 방향이 중요하다. 길쭉한 모양으로 자른 햄과 치즈는 가로로 나열한다.

나뭇잎처럼 가지런히 겹쳐 있는 햄과 치즈과 눈과 입을 즐겁게 하는 예쁜 샌드위치이다.
치즈는 체다 치즈처럼 색이 진한 것을 선택하면 밀푀유가 더욱 돋보인다.

TARAKO AND EGG OPEN SANDWICH

TARAKO AND EGG OPEN SANDWICH

눈과 입이 즐거운 이색 샌드위치
63

명란젓과 달걀로 장식한 3색 오픈 샌드위치

빵과 유지

- 1.25㎝ 두께의 샌드위치 식빵 1장
- 머스터드 버터 적당량

속재료

- 명란젓 1덩어리
- 삶은 달걀 1개
- 엑스트라버진 올리브오일 약간
- 다진 파슬리 약간
- 레몬즙 약간

빵 자르는 방법

- 귀퉁이는 자른다.
- 오픈 샌드위치.

HOW TO MAKE

1. 빵은 한쪽 면을 구워 귀퉁이를 자르고, 굽지 않은 면에 머스터드 버터를 바른다.
2. 명란젓 페이스트를 만든다. 명란젓은 껍질을 벗겨 볼에 담고 농도를 보면서 올리브오일과 레몬즙을 넣는다.
3. 삶은 달걀은 노른자와 흰자를 분리하여 각각 체에 거른다.
4. 빵 위에 2의 명란젓 페이스트, 노른자, 흰자를 섞이지 않게 얹고, 각각의 경계에 파슬리를 얹는다.

"우와!" 하는 탄성을 자아내는 인상적인 오픈 샌드위치다.
조촐한 홈파티나 손님 접대 음식은 물론 술안주로도 그만이다.
중요한 사람들과의 모임을 준비하고 있다면 꼭 만들어보길 권한다.

PROSCIUTTO AND RUCOLA SANDWICH

PROSCIUTTO AND RUCOLA SANDWICH

눈과 입이 즐거운 이색 샌드위치
64

햄 루콜라 샌드위치

빵과 유지

- 1.25cm 두께의 샌드위치 식빵 2장
- 홀그레인 머스터드 버터
  버터 2 : 홀그레인 머스터드 1 적당량

속재료

- 생햄 슬라이스 45g 정도
- 루콜라 4~5장
- 엑스트라버진 올리브오일 약간

빵 자르는 방법

- 귀퉁이는 자른다.
- 십자 모양으로 잘라 4등분한다.

HOW TO MAKE

1. 빵은 각각 한쪽 면에 홀그레인 머스터드 버터를 바른다.
2. 첫 번째 빵에 생햄을 전체적으로 깔고 그 위에 루콜라를 얹는다. 올리브오일을 뿌리고 두 번째 빵으로 덮는다.

생햄의 염분과 루콜라의 맛만으로 충분히 깊은 맛의 샌드위치가 완성된다.
재료가 간단한 만큼 엑스트라버진 올리브오일은 향이 좋은 고품질 제품을 사용하는 것이 좋다.

2 KINDS OF PAPRIKA SANDWICH

2 KINDS OF PAPRIKA SANDWICH

눈과 입이 즐거운 이색 샌드위치
65

2색 피망 샌드위치

빵과 유지

- 1.25cm 두께의 샌드위치 식빵 2장
- 갈릭 버터버터 2 : 다진 마늘 1 적당량

속재료

- 적피망 1/4개
- 황피망 1/4개
- 양파 2mm 두께로 채썰기 1/6개
- 방울토마토 2등분하기 4개
- 다진 마늘 약간
- 다진 파슬리 약간
- 엑스트라버진 올리브오일 약간

빵 자르는 방법

- 귀퉁이는 자른다.
- 세로로 3등분한다.

HOW TO MAKE

1. 빵은 각각 한쪽 면에 갈릭 버터를 바른다.
2. 적피망과 황피망은 세로로 절반으로 썰어서 씨를 뺀 다음, 기름에 튀기거나 껍질면을 구워 찬물에 헹구고 껍질을 벗긴다. 5mm 폭으로 길쭉하게 썬다.
3. 팬에 올리브오일을 두르고 마늘을 넣어 마늘 향이 나면 양파를 볶는다. 2의 피망과 방울토마토도 넣고, 물을 약간분량 외 넣어 살짝 익힌다. 한 김 식힌 다음 다진 파슬리를 뿌린다.
4. 첫 번째 빵에 3을 바르고 두 번째 빵으로 덮는다.

엑스트라버진 올리브오일로 피망을 볶아 특유의 단맛과 향을 최대로 끌어올렸다.
간단하면서 채소의 맛을 충분히 느낄 수 있는 샌드위치이다.

SHRIMP AND BROCCOLI WITH WASABI MAYONNAISE SANDWICH

SHRIMP AND BROCCOLI WITH WASABI MAYONNAISE SANDWICH

눈과 입이 즐거운 이색 샌드위치
66

고추냉이로 풍미를 낸 새우 브로콜리 샌드위치

빵과 유지

- 1.25cm 두께의 샌드위치 식빵 2장
- 머스터드 버터 적당량

속재료

- 깐 새우 4마리 약 40g
- 브로콜리 한입 크기 4개
- 마요네즈 2큰술
- 고추냉이 1작은술

빵 자르는 방법

- 귀퉁이는 자른다.
- 세로로 3등분한다.

HOW TO MAKE

1. 빵은 각각 한쪽 면에 머스터드 버터를 바른다.
2. 새우는 삶거나 데쳐서 익히고 1cm 크기로 깍둑 썬다. 브로콜리는 데쳐서 잘게 썬다.
3. 2를 볼에 넣고 마요네즈와 고추냉이로 버무린다.
4. 첫 번째 빵에 3을 바르고 두 번째 빵으로 덮는다.

탱탱한 새우와 브로콜리를 고추냉이 풍미가 나는
마요네즈로 버무려 샌드위치로 만들었다.
고추냉이는 톡 쏘는 것이 근사한 맛을 낸다. 샌드위치는 식힌 후 먹는 게 좋다.

MUSHROOM AND SPINACH OPEN SANDWICH

MUSHROOM AND SPINACH OPEN SANDWICH

눈과 입이 즐거운 이색 샌드위치
67

양송이버섯 시금치 오픈 샌드위치

빵과 유지

- 1.25㎝ 두께의 샌드위치 식빵 1장
- 갈릭 버터버터 2 : 다진 마늘 1 적당량

속재료

- 시금치 적당량
- 양송이버섯 4개
- 무염버터 2큰술
- 다진 마늘 1작은술
- 다진 파슬리 약간
- 소금, 후추 적당량씩

빵 자르는 방법

- 귀퉁이는 그대로 둔다.
- 십자 모양으로 4등분한 오픈 샌드위치.

HOW TO MAKE

1. 빵은 양면을 굽고, 한쪽 면에 갈릭 버터를 바른다.
2. 달군 팬에 3㎜ 두께로 얇게 썬 양송이버섯, 마늘, 무염버터 1큰술을 넣고 볶다가 소금과 후추로 간한다.
   시금치는 무염버터 1큰술을 두른 팬에 따로 볶는다.
3. 빵에 시금치를 깔고 양송이버섯을 전체적으로 늘어놓은 후, 다진 파슬리를 뿌린다.

마늘을 넣은 버터로 볶아 풍미를 낸 양송이버섯을 맛보기 위한 오픈 샌드위치다.
와인에도 어울리는 요리이다.

PIZZA TOAST

눈과 입이 즐거운 이색 샌드위치
68

모차렐라와 살라미 소시지를 넣은 피자 토스트

PIZZA TOAST

빵과 유지
- 1.5cm 두께의 샌드위치 식빵 1장

속재료
- 모차렐라 치즈또는 슬라이스 치즈 적당량
- 살라미 소시지 3조각
- 피망 슬라이스 3mm 두께 3~4조각
- 블랙 올리브 2mm 두께로 슬라이스 2~3개

소스
- 토마토 홀또는 다이스 200㎖
- 방울토마토 10개
- 다진 마늘 1작은술
- 엑스트라버진 올리브오일 적당량
- 케첩 1큰술
- 말린 바질 약간
- 말린 오레가노 약간
- 소금, 후추 적당량씩

빵 자르는 방법
- 귀퉁이는 그대로 둔다.
- 십자 모양으로 4등분한 오픈 샌드위치.

HOW TO MAKE

1 피자 소스를 만든다. 냄비에 올리브오일을 두르고 마늘을 넣어 향이 나면 방울토마토와 토마토 홀, 케첩을 넣는다. 바질과 오레가노도 넣어 수분을 날리듯이 끓이고, 소금과 후추로 간한다.

2 빵은 양면을 굽고, 한쪽 면에 1의 소스를 1큰술 정도 전체적으로 바른다.

3 2에 살라미, 피망, 블랙 올리브를 얹고, 치즈를 뿌려 치즈가 녹을 때까지 가볍게 오븐 토스터에 굽는다.

누구나 좋아하는 피자 소스를 사용한 오픈 샌드위치이다.
피자 소스는 한번 만들어두면 여러 요리에 이용할 수 있다.
무엇보다 식빵과 잘 어울린다.

SALAMI AND ONION SANDWICH

눈과 입이 즐거운 이색 샌드위치
69

살라미 소시지와 양파 절임 샌드위치

SALAMI AND ONION SANDWICH

빵과 유지

- 1.25cm 두께의 샌드위치 식빵 2장
- 머스터드 버터 적당량

속재료

- 살라미 소시지크기에 따라 다름 8장
- 양파 슬라이스 1mm 두께 적당량
- 잎상추 1장

절임액 만들기 쉬운 분량

- 양파 25g
- 디종 머스터드 1작은술
- 레드와인 비니거 50㎖
- 엑스트라버진 올리브오일 200㎖
- 소금, 후추 적당량씩

빵 자르는 방법

- 귀퉁이는 자른다.
- 대각선으로 4등분하여 삼각형으로 만든다.

HOW TO MAKE

1 빵은 각각 한쪽 면에 머스터드 버터를 바른다.
2 절임액을 만든다. 양파, 디종 머스터드, 레드와인 비니거, 올리브오일을 믹서에 갈고 소금과 후추로 간한다.
3 살라미와 양파 슬라이스를 2의 절임액에 넣어 가볍게 절인다.
4 첫 번째 빵에 두드려 편 잎상추를 깔고 3의 살라미와 양파를 얹어 두 번째 빵으로 덮는다.

TIPS!

- 절임액은 시판 프렌치드레싱으로 대체해도 된다.
- 디종 머스터드가 없다면 일반 머스터드소스를 사용해도 된다.

디종 머스터드를 넣은 절임액이 맛의 포인트이다.
제대로 맛이 든 살라미 소시지와 양파 슬라이스가 여운이 남는 맛을 낸다.
절임액은 샐러드드레싱으로도 사용할 수 있으니 직접 만들면 좋다.

MIXED VEGETABLES AND TOFU MISO SANDWICH

눈과 입이 즐거운 이색 샌드위치
70

미소된장으로 풍미를 낸 채소 두부 샌드위치

MIXED VEGETABLES AND TOFU MISO SANDWICH

빵과 유지

- 1.25cm 두께의 샌드위치 식빵 2장
- 머스터드 버터 적당량

속재료

- 두부순두부 40~50g
- 아보카도 7mm 크기로 깍둑썰기 1/4개
- 채소 믹스 냉동 40g
- 미소된장 1작은술
- 마요네즈 1작은술
- 엑스트라버진 올리브오일 약간
- 간장 약간

빵 자르는 방법

- 귀퉁이는 자른다.
- 세로로 3등분한다.

HOW TO MAKE

1 빵은 각각 한쪽 면에 머스터드 버터를 바른다.
2 두부는 키친타월 등에 싸서 물기를 제거해둔다 한나절 이상.
3 볼에 2의 두부, 아보카도, 마요네즈, 미소된장, 올리브오일, 간장을 넣고 잘 섞어 페이스트 형태로 만든다. 여기에 따뜻한 물에 해동한 채소 믹스를 넣어 버무린다.
4 첫 번째 빵에 3을 바르고 두 번째 빵으로 덮는다.

TIPS!

- 두부로 버무린 속재료는 두부 무침과 비슷하다. 된장과 마요네즈, 간장으로 간한다.

채소 믹스를 넣어 색이 다양하다.
노란 빛깔이 나는 담백한 맛의 미소된장도 먹음직스런 빛깔을 내는 데 한 몫 한다.
먹었을 때 의외로 무척 맛있는 샌드위치이다. 동서양의 조화를 발견하는 묘미도 있다.

TUNA AND OKRA SANDWICH

TUNA AND OKRA SANDWICH

눈과 입이 즐거운 이색 샌드위치
71

참치 오크라 샌드위치

빵과 유지
- 1.25㎝ 두께의 샌드위치 식빵 2장
- 머스터드 버터 적당량

속재료
- 참치통조림 50g
- 오크라 데쳐서 2㎜ 두께로 통썰기 2개
- 다진 마늘 약간
- 마요네즈 3큰술
- 소금, 검은 후추 약간씩

빵 자르는 방법
- 귀퉁이는 자른다.
- 세로로 3등분한다.

HOW TO MAKE

1. 빵은 각각 한쪽 면에 머스터드 버터를 바른다.
2. 볼에 오크라와 참치, 마요네즈, 마늘을 넣어 버무린다. 소금과 검은 후추로 간한다.
3. 2를 첫 번째 빵에 바르고 두 번째 빵으로 덮는다.

TIPS!

- 참치는 물에 든 것보다 기름에 든 것을 사용하는 것이 좋다.

참치와 오크라라는 조합이 신선하다.
둘 다 담백한 맛이므로 마요네즈에 마늘을 넣어 매콤한 맛을 내는 것이 포인트이다.

SPANISH OMELET SANDWICH

눈과 입이 즐거운 이색 샌드위치
72

스페인풍 오믈렛 샌드위치

SPANISH OMELET SANDWICH

빵과 유지

- 1.25cm 두께의 샌드위치 식빵 2장
- 마요네즈 1큰술
- 케첩 1작은술

속재료

- 달걀 2개
- 다진 양파 10g
- 다진 적피망 10g
- 다진 청피망 10g
- 다진 양송이버섯 1개분
- 슬라이스 햄다지기 1장
- 엑스트라버진 올리브오일 적당량
- 소금, 후추 약간씩

빵 자르는 방법

- 귀퉁이는 자른다.
- 대각선으로 4등분하여 삼각형으로 만든다.

HOW TO MAKE

1 지름이 약 18cm 정도인 팬에 올리브오일을 두르고, 양파, 적피망, 청피망, 양송이버섯, 햄을 볶는다. 소금과 후추로 간하고 풀어둔 달걀을 넣어 원형으로 평평하게 양면을 굽는다.
2 빵은 양면을 굽는다.
3 마요네즈와 케첩을 섞어 빵의 각각 한쪽 면에 바른다. 첫 번째 빵에 구운 오믈렛을 얹고 두 번째 빵으로 덮는다.

양파나 피망 등 재료를 많이 넣어 만든 오믈렛을 끼운 두툼한 샌드위치다.
오믈렛 재료는 취향에 따라 다르게 해도 된다.

POTATO AND BACON GALETTE SANDWICH

눈과 입이 즐거운 이색 샌드위치
73

감자 베이컨 갈레트 샌드위치

POTATO AND BACON GALETTE SANDWICH

빵과 유지

- 1.25cm 두께의 샌드위치 식빵 2장
- 사워크림 1큰술

속재료

- 감자굵게 채썰기 1/2개
- 베이컨직사각형으로 썰기 1장
- 산파송송 썰기 약간
- 엑스트라버진 올리브오일 적당량
- 소금 약간
- 검은 후추 약간

빵 자르는 방법

- 귀퉁이는 그대로 둔다.
- 대각선으로 4등분하여 삼각형으로 만든다.

HOW TO MAKE

1. 빵은 각각 양면을 굽는다.
2. 채 썬 감자는 소금을 뿌려 절인 후 물기를 뺀다. 베이컨은 가볍게 볶아둔다.
3. 감자와 베이컨을 합쳐서 랩 위에 깔고 둥글게 모양을 만든다. 올리브오일을 두른 팬에 둥글게 만든 감자와 베이컨을 놓고 뒤집개로 눌러 평평하게 만들어 양면을 굽는다.
4. 첫 번째 빵에 3을 얹고, 사워크림을 바르고 산파를 뿌린 후, 검은 후추를 뿌린다. 두 번째 빵으로 덮는다.

채 썬 감자와 볶은 베이컨을 평평하게 구운,
프랑스의 팬케이크인 갈레트를 샌드위치의 속재료로 넣었다.
사워크림과 엑스트라버진 올리브오일이 맛의 포인트이다. 산파로는 악센트를 준다.

EGGPLANT AND TOMATO SANDWICH, NICE STYLE

눈과 입이 즐거운 이색 샌드위치
74

구운 가지와 토마토,
참치를 넣은 니스풍 샌드위치

EGGPLANT AND TOMATO SANDWICH, NICE STYLE

빵과 유지

- 1.25cm 두께의 샌드위치 식빵 2장
- 엑스트라버진 올리브오일 적당량
- 마늘 1쪽

속재료

- 가지 슬라이스 7㎜ 두께 1개분
- 토마토 슬라이스 5㎜ 두께 3조각
- 생바질 2장
- 참치통조림 30g
- 마요네즈 1큰술
- 소금, 후추 적당량씩
- 엑스트라버진 올리브오일 적당량

빵 자르는 방법

- 귀퉁이는 그대로 둔다.
- 비스듬하게 2등분한다.

HOW TO MAKE

1. 빵은 양면을 굽고, 마늘을 가볍게 문질러서 향을 낸 다음, 올리브오일을 바른다.
2. 가지 슬라이스는 올리브오일을 두른 팬에 볶다가 소금과 후추를 뿌려 간한다.
3. 첫 번째 빵에 가지 슬라이스, 바질, 토마토 슬라이스를 얹고 소금을 뿌린다. 두 번째 빵에는 올리브오일을 두르고 마요네즈로 버무린 참치를 얹어 소금과 후추를 뿌린다. 두 번째 빵으로 덮고 픽을 꽂아 고정시켜서 자른다.

엑스트라버진 올리브오일과 빵에 바른 마늘 향이 포인트이다.
토마토와 가지, 바질 등 갖가지 여름 채소를 두껍게 썰어서 만들어보자.
시원한 지중해 맛을 느낄 수 있을 것이다.

ONION AND BACON QUICHE SANDWICH

눈과 입이 즐거운 이색 샌드위치
75

양파 베이컨 키슈 샌드위치

ONION AND BACON QUICHE SANDWICH

빵과 유지

- 1.25cm 두께의 샌드위치 식빵 2장
- 머스터드 버터 적당량

속재료

- 양파 슬라이스 2mm 두께 1/4개분
- 베이컨 직사각형으로 썰기 1장
- 그뤼에르 치즈 슬라이스 1장
- 달걀 1개
- 너트메그 1꼬집
- 버터 약간

빵 자르는 방법

- 귀퉁이는 그대로 둔다.
- 대각선으로 4등분하여 삼각형으로 만든다.

HOW TO MAKE

1. 빵은 양면을 굽고, 각각 한쪽 면에만 머스터드 버터를 바른다.
2. 팬에 버터를 두르고 양파 슬라이스와 베이컨을 볶는다.
3. 다른 팬에 달걀을 풀어 흘려 넣고 얇게 굽는다. 달걀 가운데에 치즈를 놓고 너트메그를 뿌린다. 볶은 양파와 베이컨을 치즈 위에 얹고 달걀을 재료를 감싸듯이 안쪽으로 접는다.
4. 3을 첫 번째 빵 위에 얹고 두 번째 빵으로 덮는다.

프랑스 파이인 키슈를 만들어 샌드위치 재료로 썼다.
물론 진짜 패스트리를 이용해 파이를 만드는 것은 아니다.
패스트리의 역할은 구운 달걀이 대신한다.
너트메그의 향을 살린 치즈와 볶은 양파, 베이컨을 구운 달걀로 감싸면
그럴싸한 파이 모양이 완성된다. 식사 대용으로도 즐길 수 있는 요리이다.

POPCORN SHRIMP WITH AURORA SAUCE SANDWICH

눈과 입이 즐거운 이색 샌드위치
76

새우 오로라소스 샌드위치

POPCORN SHRIMP WITH AURORA SAUCE SANDWICH

빵과 유지
- 1.25cm 두께의 샌드위치 식빵 2장
- 머스터드 버터 적당량

속재료
- 새우 9마리 약 90g
- 녹말가루 2큰술
- 달걀흰자 1개분
- 잎상추 1장
- 적양파 슬라이스 2mm 두께 적당량
- 샐러드오일 적당량
- 소금, 후추 적당량씩

소스
- 마요네즈 2큰술
- 케첩 1큰술

빵 자르는 방법
- 귀퉁이는 자른다.
- 세로로 3등분한다.

HOW TO MAKE
1. 빵은 각각 한쪽 면에 머스터드 버터를 바른다.
2. 새우는 소금과 후추로 밑간한다.
   녹말가루를 달걀흰자에 풀어 반죽을 만든다.
   새우에 반죽을 입혀 샐러드오일을 넉넉하게
   두른 팬에 굽는다.
3. 볼에 소스 재료를 넣어 섞고, 2의 새우에 바른다.
4. 첫 번째 빵에 두드려 편 잎상추를 얹고,
   3의 새우를 나열한다.
   그 위에 적양파 슬라이스를 얹고
   두 번째 빵으로 덮는다.

구운 새우에 오로라소스를 곁들인 샌드위치이다.
오로라소스는 크림소스에 토마토소스를 더하여 분홍색을 띠는 소스로 고소하면서도 상큼한 맛이 난다.
적양파 슬라이스의 쌉쌀한 맛은 악센트가 된다.

MUSHROOM AND EGGPLANT WITH ROSEMARY SANDWICH

눈과 입이 즐거운 이색 샌드위치
77

로즈마리로 풍미를 낸 버섯 가지 샌드위치

MUSHROOM AND EGGPLANT WITH ROSEMARY SANDWICH

빵과 유지

- 1.25㎝ 두께의 샌드위치 식빵 2장
- 엑스트라버진 올리브오일 적당량

속재료

- 가지 1개분
- 표고버섯다지기 15g
- 만가닥버섯다지기 15g
- 새송이버섯다지기 15g
- 다진 마늘 1작은술
- 로즈마리가능하면 생로즈마리 1줄기
- 간장 1방울
- 엑스트라버진 올리브오일 적당량

빵 자르는 방법

- 귀퉁이는 자른다.
- 대각선으로 4등분하여 삼각형으로 만든다.

HOW TO MAKE

1 빵은 각각 한쪽 면에 올리브오일을 바른다.
2 가지는 껍질을 벗기고 굽거나 튀긴 다음 곱게 다져둔다.
3 팬에 올리브오일, 마늘, 로즈마리를 넣고 향이 나면 버섯류를 볶는다.
4 2의 가지와 버섯을 섞어 간장으로 간한다.
5 첫 번째 빵에 4를 얹고 두 번째 빵으로 덮는다.

TIPS!

- 로즈마리는 되도록 생줄기를 사용하는 것이 좋다. 말린 것을 1작은술 정도 사용해도 된다.

로즈마리 향을 낸 올리브오일로 볶은 버섯 맛이 포인트이다.
버섯의 종류는 취향에 따라 선택하여 사용한다.

CHINESE CABBAGE AND TUNA SANDWICH

눈과 입이 즐거운 이색 샌드위치
78

배추 참치 샌드위치

CHINESE CABBAGE AND TUNA SANDWICH

빵과 유지
- 1.25cm 두께의 샌드위치 식빵 2장
- 엑스트라버진 올리브오일 적당량

속재료
- 배추직사각형으로 썰기 1/2장
- 참치통조림 1/2개
- 청주 2큰술
- 소금 약간
- 마요네즈 1큰술
- 홀그레인 머스터드 1작은술
- 샐러드오일 약간

빵 자르는 방법
- 귀퉁이는 그대로 둔다.
- 세로로 3등분한다.

HOW TO MAKE
1 빵은 각각 한쪽 면에 올리브오일을 바른다.
2 팬에 샐러드오일을 조금 둘러 직사각형으로 썬 배추를 볶다가 기름을 빼지 않은 참치를 넣어 한 번 더 볶고, 청주와 소금으로 간한다. 수분을 날리고 마요네즈와 홀그레인 머스터드를 넣어 버무린다.
3 첫 번째 빵에 2를 얹고 두 번째 빵으로 덮는다.

TIPS!
- 참치의 풍미를 남김없이 사용해야 맛있다. 참치 통조림은 물에 든 것보다 기름에 든 것이 좋다.

달콤한 배추와 고소한 참치가 어우러져 더욱 담백한 맛을 낸다.
빵 귀퉁이를 남겨두어서 빵의 풍미와 재료의 맛을 모두 즐길 수 있는 샌드위치이다.
엑스트라버진 올리브오일은 좋은 것을 사용하는 것이 좋다.

STRING BEAN AND BACON WITH CURRY SANDWICH

STRING BEAN AND BACON WITH CURRY SANDWICH

눈과 입이 즐거운 이색 샌드위치
79

카레 향 껍질콩 베이컨 샌드위치

빵과 유지

- 1.25㎝ 두께의 샌드위치 식빵 2장
- 머스터드 버터 적당량

속재료

- 베이컨 3장
- 삶은 껍질콩 12개
- 마요네즈 1큰술
- 카레가루 1꼬집
- 검은 후추 약간

빵 자르는 방법

- 귀퉁이는 자른다.
- 세로로 3등분한다.

HOW TO MAKE

1. 빵은 양면을 굽고, 한쪽 면에 머스터드 버터를 바른다.
2. 첫 번째 빵에 삶은 껍질콩을 가지런히 놓고 그 위에 카레가루를 섞은 마요네즈를 바른 후, 검은 후추를 뿌린다. 구운 베이컨을 얹고 두 번째 빵으로 덮는다.

TIPS!

- 카레가루와 마요네즈를 섞은 매콤한 맛의 소스는 프랑스 요리에서 자주 사용된다.

껍질콩과 베이컨이라는 친근한 재료에
카레를 섞은 마요네즈를 곁들여 매콤한 맛이 매력적인 샌드위치를 만들었다.
보기에도 예쁜 단면에 주목해보자.

SALMON, TOMATO AND ONION SANDWICH

눈과 입이 즐거운 이색 샌드위치
80

연어 토마토 양파 샌드위치

SALMON, TOMATO AND ONION SANDWICH

빵과 유지
- 1.25㎝ 두께의 샌드위치 식빵 2장
- 엑스트라버진 올리브오일 적당량

속재료
- 소금에 절인 연어 50g
- 토마토 1㎝ 크기로 깍둑썰기 1/2개
- 다진 양파 1/4개분
- 산파송송 썰기 적당량
- 엑스트라버진 올리브오일 2큰술
- 레몬즙 1작은술
- 검은 후추 약간
- 화이트와인 비니거 약간

빵 자르는 방법
- 귀퉁이는 자른다.
- 세로로 3등분한다.

HOW TO MAKE
1. 빵은 한쪽 면에 올리브오일을 바른다.
2. 소금에 절인 연어는 구워서 적당한 크기로 풀어둔다.
3. 볼에 연어, 토마토, 양파, 산파를 넣고 섞는다. 올리브오일, 레몬즙, 검은 후추, 화이트와인 비니거로 간하고 첫 번째 빵에 바른다. 두 번째 빵으로 덮는다.

TIPS!
- 속재료는 구운 감자에 얹어 먹어도 맛있다.

소금에 절인 연어에 토마토를 곁들여 상큼한 맛을 낸 샌드위치다.
연어만의 풍미와 모양을 살리면서 누구나 좋아하는 맛으로 완성했다.

CHICKEN AND OOBA WITH SESAME SAUCE SANDWICH

눈과 입이 즐거운 이색 샌드위치
81

참깨 향
닭가슴살 차조기 샌드위치

CHICKEN AND OOBA WITH SESAME SAUCE SANDWICH

빵과 유지

- 1.25cm 두께의 샌드위치 식빵 2장
- 머스터드 버터 적당량

속재료

- 닭가슴살 4조각
- 청주 약간
- 마요네즈 2큰술
- 볶은 참깨 2큰술
- 푸른 차조기채썰기 1장
- 간장 약간
- 참기름 1작은술
- 토마토 슬라이스 5mm 두께 3조각

빵 자르는 방법

- 귀퉁이는 자른다.
- 세로로 3등분한다.

HOW TO MAKE

1. 빵은 각각 한쪽 면에 머스터드 버터를 바른다.
2. 닭가슴살은 내열그릇에 넣고 청주를 뿌린 후, 랩을 씌워 전자레인지에서 익히고 가늘게 찢는다.
3. 볼에 닭가슴살, 마요네즈, 볶은 참깨, 차조기를 넣어 섞고, 간장과 참기름으로 간한다.
4. 첫 번째 빵에 토마토 슬라이스를 얹고 두 번째 빵에 2를 전체적으로 바른 후, 첫 번째 빵으로 덮는다.

TIPS!

- 주먹밥 재료로도 잘 어울린다.

볶은 참깨와 푸른 차조기의 향이 닭가슴살의 담백한 맛을 한층 돋운다.
간장과 참기름을 넣어 일본식으로 간을 하여 완성했다.
토마토 슬라이스가 상큼하고 보기에도 먹음직스럽다.

POTATO AND ANCHOVY SANDWICH

POTATO AND ANCHOVY SANDWICH

눈과 입이 즐거운 이색 샌드위치
82

지중해풍
감자 안초비 샌드위치

빵과 유지

- 1.25㎝ 두께의 샌드위치 식빵 2장
- 엑스트라버진 올리브오일 적당량

속재료

- 감자 슬라이스 5㎜ 두께 1조각
- 안초비 다지기 2조각
- 다진 마늘 1작은술
- 다진 파슬리 약간
- 마요네즈 1큰술
- 파프리카 파우더 약간
- 엑스트라버진 올리브오일 적당량

빵 자르는 방법

- 귀퉁이는 그대로 둔다.
- 십자로 잘라 4등분한다.

HOW TO MAKE

1. 빵은 양면을 굽고, 각각 한쪽 면에 올리브오일을 바른다.
2. 감자는 삶아둔다.
   팬에 올리브오일을 두르고 삶은 감자를 볶다가 노릇노릇해지면, 마늘과 안초비, 파슬리를 넣는다.
3. 첫 번째 빵에 2를 얹고, 두 번째 빵에 마요네즈와 파프리카 파우더 버무린 것을 발라 덮는다.

TIPS!

- 감자가 노릇노릇한 색이 나도록 잘 볶는다.
  그런 다음 마늘을 넣어 향이 나면 안초비와 파슬리를 넣는다.

감자를 안초비와 마늘을 넣은 엑스트라버진 올리브오일에 볶으면 그 자체로 무척 맛있다.
매콤한 마요네즈와 함께 빵에 넣으면 그럴싸한 지중해풍 식사가 완성된다.

SALMON RILLETTES SANDWICH

눈과 입이 즐거운 이색 샌드위치
83

연어 리예트 샌드위치

빵과 유지

- 1.25㎝ 두께의 샌드위치 식빵 2장
- 머스터드 버터 적당량

속재료

- 연어 50g
- 사워크림 1작은술
- 마요네즈 1큰술
- 딜 약간
- 레몬즙 약간

빵 자르는 방법

- 귀퉁이는 자른다.
- 6등분한다.

HOW TO MAKE

1 빵은 각각 한쪽 면에 머스터드 버터를 바른다.
2 연어는 삶거나 쪄서 익힌 다음, 가늘게 찢어 볼에 넣고 사워크림, 마요네즈, 다진 딜, 레몬즙과 섞는다.
3 첫 번째 빵에 2를 바르고 두 번째 빵으로 덮는다.

TIPS!

- 훈제 연어를 섞어도 맛있다.
- 마요네즈는 없어도 되지만 사워크림만 넣으면 식감이 다소 딱딱하기 때문에 마요네즈를 넣어 부드럽게 만드는 것이 좋다.

두툼한 연어를 풀어 사워크림과 마요네즈, 레몬즙으로 버무린 리예트.
와인 안주로 최적인 이 요리를 샌드위치로 만들었다. 연어와 궁합이 좋은 딜은 꼭 넣도록 하자.

CRAB AND ASPARAGUS SANDWICH

CRAB AND ASPARAGUS SANDWICH

눈과 입이 즐거운 이색 샌드위치
84

게 아스파라거스 샌드위치

빵과 유지
- 1.25cm 두께의 샌드위치 식빵 2장
- 머스터드 버터 적당량

속재료
- 게살통조림 40g
- 그린 아스파라거스 8~10개크기에 따라
- 마요네즈 1큰술
- 카레가루 1꼬집
- 소금 약간

빵 자르는 방법
- 귀퉁이는 자른다.
- 세로로 3등분한다.

HOW TO MAKE
1. 빵은 각각 한쪽 면에 머스터드 버터를 바른다.
2. 볼에 게살과 마요네즈, 카레가루를 넣어 잘 버무린다.
3. 아스파라거스는 심지나 뿌리의 딱딱한 부분을 제거하고 소금물에 데친 다음, 첫 번째 빵에 나열한다.
   두 번째 빵에 **2**를 전체적으로 바르고 덮는다.

TIPS!
- 마요네즈에 카레가루를 넣으면 게의 비린내를 잡을 수 있다. 요리에 카레가루를 잘 사용하면 맛을 다양하게 할 수 있다.

그 자체로 샐러드 재료가 되는 게와 아스파라거스를 카레를 섞은 마요네즈로 버무려서 티 샌드위치를 만들었다. 화이트와인 안주로 최고다.

PENNE ARRABBIATA SANDWICH

눈과 입이 즐거운 이색 샌드위치
85

펜네 아라비아타 샌드위치

PENNE ARRABBIATA SANDWICH

빵과 유지
- 1.8~2cm 두께의 샌드위치 식빵 1장

속재료
- 펜네 파스타 50g
- 소금 적당량
- 다진 파슬리 약간

소스 만들기 쉬운 분량
- 토마토 홀 또는 다이스 200㎖
- 다진 마늘 1작은술
- 고추 약간
- 엑스트라버진 올리브오일 약간
- 소금, 후추 적당량씩

빵 자르는 방법
- 귀퉁이는 그대로 둔다.
- 세로로 2등분한 후 칼집을 넣어 주머니 모양으로 만든다.

HOW TO MAKE
1. 빵은 주머니 모양으로 만든 다음 양면을 굽는다.
2. 펜네는 소금물에 삶아둔다.
3. 팬에 올리브오일과 마늘을 넣어 익히다가 향이 나면 고추와 토마토소스를 넣어 가볍게 볶고, 삶은 펜네를 버무린다. 소금과 후추로 간한다.
4. 3을 주머니 모양 빵에 채운다. 마무리로 다진 파슬리를 뿌린다.

TIPS!
- 펜네 아라비아타의 매운맛은 취향에 따라 조절하면 된다. 모차렐라 치즈를 잘라 넣어도 맛있다.

그 자체로도 매우 맛있는 알싸한 매운맛의 펜네 아라비아타를
주머니 모양 샌드위치로 만들면
한 손으로 먹을 수 있는 패스트푸드로 변신한다.

TURNIP WITH JAPANESE PICKLES SANDWICH

눈과 입이 즐거운 이색 샌드위치
86

순무를 넣은 일본식 사우전드 아일랜드 샌드위치

TURNIP WITH JAPANESE PICKLES SANDWICH

빵과 유지
- 1.25㎝ 두께의 샌드위치 식빵 2장
- 엑스트라버진 올리브오일 적당량

속재료
- 순무 3㎜ 두께로 통썰기 1개
- 엑스트라버진 올리브오일 적당량
- 소금 약간

일본식 사우전드 아일랜드 소스
- 마요네즈 2큰술
- 다진 단무지 1큰술
- 다진 락교 1큰술
- 다진 후쿠진즈케 1큰술
  - ✣ 후쿠진즈케는 무, 가지, 오이, 콩, 생강 등을 소금에 절인 장아찌이다.

빵 자르는 방법
- 귀퉁이는 자른다.
- 십자로 잘라 4등분한다.

HOW TO MAKE
1. 순무에 소금과 올리브오일을 뿌려 20~30분 동안 절인다.
2. 다진 단무지, 락교, 후쿠진즈케를 마요네즈에 버무린다.
3. 첫 번째 빵에 올리브오일을 바르고 절인 순무를 가지런히 놓는다.
   두 번째 빵에 소스를 발라 덮는다.

단무지, 락교, 후쿠진즈케 등 일본식 피클을 마요네즈로 버무리면
일본식 사우전드 아일랜드 소스가 완성된다. 의외의 맛에 깜짝 놀라는 요리이다.

COLORFUL VEGETABLES SANDWICH

눈과 입이 즐거운 이색 샌드위치
87

컬러풀 샌드위치

COLORFUL VEGETABLES SANDWICH

적양배추 샌드위치

빵과 유지

- 1.25㎝ 두께의 샌드위치 식빵 2장
- 마요네즈 적당량

속재료

- 적양배추채썰기 60g
- 레드와인 비니거 또는 라즈베리 비니거 적당량
- 엑스트라버진 올리브오일 적당량
- 소금 약간

1 빵의 한쪽 면에 마요네즈를 바른다.
2 채 썬 양배추에 소금을 가볍게 뿌리고 레드와인 비니거와 올리브오일을 적당량 뿌려 가볍게 절인다.
3 2의 절인 양배추의 물기를 잘 제거하고 첫 번째 빵에 얹어 두 번째 빵으로 덮는다.

에비베지 당근 샌드위치
만드는 방법 p.56 참조

에비베지 오이 샌드위치
만드는 방법 p.58 참조

적피망 황피망 샌드위치

빵과 유지

- 1.25㎝ 두께의 샌드위치 식빵 4장
- 마요네즈 적당량

속재료

- 적피망과 황피망 1개씩
- 엑스트라버진 올리브오일 적당량
- 소금, 후추 약간씩

1 빵의 한쪽 면에 마요네즈를 바른다.
2 적피망과 황피망은 껍질을 직화로 굽거나 또는 살짝 기름에 튀겨 찬물에 담갔다가 껍질을 벗긴다. 씨와 남은 줄기를 제거하고 5㎜ 폭으로 가늘게 썬다.
3 2의 적피망과 황피망을 각각 소금, 후추, 올리브오일로 가볍게 절인다.
4 3의 물기를 잘 제거하고, 각각 첫 번째 빵에 얹는다. 두 번째 빵으로 덮는다.

빵 자르는 방법 네 가지 공통

- 귀퉁이는 자른다.
- 세로로 3등분한다.

색이 아름다운 채소를 가늘게 썰어 살짝 절여 속재료로 사용했다.
각 채소의 식감 차이를 고려하여 자르는 크기를 결정하자.

PART 04

단것을 좋아하지 않아도
홀딱 반하게 되는

디저트 샌드위치

FRUITS CAKE SANDWICH

디저트 샌드위치
88

케이크 과일 샌드위치

FRUITS CAKE SANDWICH

빵과 유지

- 1.25cm 두께의 샌드위치 식빵 6장
- 무염버터 225g
- 그래뉴당 100g
- 리큐어(그랑 마니에르나 키르슈 등, 생략 가능) 적당량
    - ❖ 리큐어는 달콤한 알코올 음료수이다.

속재료

- 바나나 슬라이스(약 5mm 두께) 1/2개분
- 키위 슬라이스(약 5mm 두께) 1개분
- 망고 슬라이스(약 5mm 두께) 1/2개분
- 무화과 슬라이스(약 5mm 두께) 1개분
- 파인애플 슬라이스(약 5mm 두께) 1/8개분

빵 자르는 방법

- 귀퉁이는 자른다.
- 세로로 얇게 자른다.

HOW TO MAKE

1. 버터크림을 만든다. 볼에 실온에 녹인 무염버터와 그래뉴당을 넣고 핸드믹서로 하얗게 될 때까지 잘 섞는다. 리큐어가 있으면 적당량 넣어 향을 낸다.
2. 첫 번째 빵에 1의 버터크림을 얇게 바르고, 과일을 전체적으로 나열한 다음, 두 번째 빵으로 덮는다. 덮은 두 번째 빵 위에 버터크림을 바르고 과일을 놓은 다음 세 번째 빵으로 덮는다.
3. 2의 과정을 반복하여 직육면체가 되면 냉장고에서 굳힌다. 굳으면 버터크림을 겉에 전체적으로 얇게 바르고 다시 냉장고에서 굳힌다. 굳으면 적당한 크기로 자른다.

과일 생크림 케이크 같은 샌드위치이다.
색 조합이 아름다운 여러 과일을 버터크림으로 정리하여 층층이 쌓았다.
잘 익어서 맛있는 과일로 만드는 것이 관건.
홈파티 음식으로 제격이다. 그 자리에서 자르면 환호성이 나올 것이다.

CHOCOLATE CREAM AND NUTS SANDWICH

CHOCOLATE CREAM AND NUTS SANDWICH

디저트 샌드위치
89

초콜릿 크림 견과류 샌드위치

빵과 유지

- 1.25㎝ 두께의 샌드위치 식빵 2장
- 초콜릿소스시판 제품 적당량
- 생크림유지방분 42% 50g
- 그래뉴당 5g

속재료

- 견과류잘게 다지기 적당량

빵 자르는 방법

- 귀퉁이는 자른다.
- 세로로 3등분한다.

HOW TO MAKE

1 생크림에 그래뉴당을 넣고 거품을 내어 휘핑크림을 만든다. 여기에 초콜릿소스를 넣는다.

2 첫 번째 빵의 한쪽 면에 1의 초콜릿 크림을 바르고, 견과류를 전체적으로 뿌린다.
똑같이 만든 두 번째 빵으로 덮는다.
냉장고에 넣어 굳힌다.

TIPS!

- 견과류는 땅콩이나 캐슈너트, 아몬드, 마카다미아 너트 등 취향대로 넣는다.
단, 초콜릿과 섞는 만큼 염분이 없는 제과용 견과류를 사용한다.

초콜릿과 견과류라는 황금 조합을 듬뿍 얹은 달콤한 샌드위치다.
단맛이 강해 많이 먹기는 힘들지만 한입으로 누리는 최고의 즐거움을 느끼게 하는 샌드위치다.
맛있는 초콜릿과 생크림을 준비한다.

STRAWBERRY AND MASCARPONE CREAM SANDWICH

STRAWBERRY AND MASCARPONE CREAM SANDWICH

디저트 샌드위치
90

딸기 마스카르포네 크림 샌드위치

빵과 유지

- 1.25cm 두께의 샌드위치 식빵 2장
- 마스카르포네 치즈 100g
- 그래뉴당 또는 설탕 10g

속재료

- 딸기 3mm 두께로 슬라이스 8개
- 설탕 적당량

빵 자르는 방법

- 귀퉁이는 자른다.
- 십자로 잘라 4등분한다.

HOW TO MAKE

1 마스카르포네 치즈와 그래뉴당을 섞어 마스카르포네 크림을 만든다.
2 빵은 귀퉁이를 자르고 십자로 잘라 4등분한다. 각각 첫 번째 빵의 한쪽 면에 마스카르포네 크림을 바르고 5mm 두께로 얇게 썬 딸기를 늘어놓는다. 마스카르포네 크림을 바른 두 번째 빵으로 덮는다.
3 냉장고에서 넣어 숙성되면 꺼내어 설탕을 뿌린다.

TIPS!

- 딸기가 별로 달지 않다면 마스카르포네 크림에 넣는 그래뉴당의 양을 늘리면 된다.

케이크의 재료로도 많이 쓰이는 딸기와 마스카르포네 크림을 샌드위치에 사용했다.
단것을 싫어하는 사람도 이것만큼은 좋아한다. 딸기가 나는 계절에 꼭 시도해보자.

APPLE CINNAMON OPEN SANDWICH

APPLE CINNAMON OPEN SANDWICH

디저트 샌드위치
91

애플시나몬 오픈 샌드위치

빵과 유지
- 1.5㎝ 두께의 샌드위치 식빵 1장
- 커스터드 크림시판 제품 50g

속재료
- 사과16조각으로 썰기 1개
- 무염버터 적당량
- 설탕 30g
- 레몬즙 약간
- 시나몬슈거 적당량

빵 자르는 방법
- 귀퉁이는 그대로 둔다.
- 세로로 2등분한 오픈 샌드위치.

HOW TO MAKE
1. 빵은 노릇노릇하게 양면을 굽는다.
2. 조각낸 사과는 버터를 두른 팬에 넣고 설탕과 레몬즙을 조금씩 넣으면서 잘 조린다.
3. 빵의 한쪽 면에 커스터드 크림을 전체적으로 바르고 2의 조린 사과를 얹는다. 위에 시나몬슈거를 듬뿍 뿌린다.

TIPS!
- 시나몬슈거는 설탕 15g에 시나몬 파우더를 1꼬집 넣어 만든다.
- 사과 껍질은 취향에 따라 벗겨도 되고 그대로 두어도 된다.

달콤한 사과 조림과 커스터드 크림은 최고의 조합을 자랑한다.
여기에 향과 맛을 더한 시나몬슈거가 곁들여져 더할 나위 없는 맛을 완성하다.
가을부터 겨울까지 부담 없는 간식으로 즐길 수 있다.

RAISIN BUTTER SANDWICH

RAISIN BUTTER SANDWICH

디저트 샌드위치

92

건포도 버터 샌드위치

빵과 유지

- 1.25㎝ 두께의 샌드위치 식빵 2장

속재료

- 가염버터 65g
- 그래뉴당 10g
- 건포도다지기 50g
- 럼주 20㎖

빵 자르는 방법

- 귀퉁이는 자른다.
- 6등분한다.

HOW TO MAKE

1. 실온에 둔 버터를 말랑말랑해질 때까지 거품기로 잘 젓는다. 여기에 그래뉴당, 건포도, 럼주를 넣는다.
2. 첫 번째 빵에 1을 바르고 두 번째 빵으로 덮는다. 냉장고에 넣고 굳으면 자른다.

TIPS!

- 럼주의 양은 취향대로 조절한다.
  미리 건포도에 럼주를 넣어 불려두면
  어른들이 좋아하는 맛으로 완성할 수 있지만
  알코올 농도가 높아질 수 있으니 주의한다.

럼주의 향이 확 퍼지는 이 샌드위치는 어른들을 위한 디저트이다.
품질 좋은 버터를 사용하면 더 맛있다. 잘 굳힌 후 잘라서 낸다.

MELON AND CREAM SANDWICH

MELON AND CREAM SANDWICH

디저트 샌드위치
93

멜론 샌드위치

빵과 유지

- 1.25㎝ 두께의 샌드위치 식빵 2장
- 생크림유지방분 42% 50㎖
- 그래뉴당 5g

속재료

- 멜론12조각 낸 것 적당량

빵 자르는 방법

- 귀퉁이는 자른다.
- 대각선으로 4등분하여 삼각형으로 만든다.

HOW TO MAKE

1. 생크림에 그래뉴당을 넣고 휘저어 휘핑크림을 만든다.
2. 첫 번째 빵에 휘핑크림을 바르고 멜론을 놓는다. 그 위에 다시 휘핑크림을 바르고 두 번째 빵으로 덮는다.
3. 냉장고에 넣어 굳힌 다음, 잘라서 낸다.

TIPS!

- 멜론의 수분을 키친타월 등으로 닦아 잘 제거한다.
- 멜론의 당도를 높이고 싶다면 크림에 넣는 그래뉴당의 양을 늘린다.

향이 진한 잘 익은 멜론을 유지방분이 많은 생크림과 함께 맛보는 요리이다.
파티세리 'SATSUKI'에서 인기 있는 슈퍼 멜론 쇼트케이크를 샌드위치로 재현한 것이다.

PEACH AND CREAM SANDWICH

PEACH AND CREAM SANDWICH

디저트 샌드위치
94

복숭아 샌드위치

빵과 유지

- 1.25cm 두께의 샌드위치 식빵 2장
- 생크림 유지방분 42% 50㎖
- 그래뉴당 5g

속재료

- 복숭아 껍질 벗기고 12조각낸 것
  적당량

빵 자르는 방법

- 귀퉁이는 자른다.
- 대각선으로 4등분하여
  삼각형으로 만든다.

HOW TO MAKE

1. 생크림에 그래뉴당을 넣고 휘저어 휘핑크림을 만든다.
2. 첫 번째 빵에 휘핑크림을 바르고 복숭아를 놓는다. 그 위에 다시 휘핑크림을 바르고 두 번째 빵으로 덮는다. 냉장고에 넣어 굳힌 다음 자른다.

TIPS!

- 복숭아의 수분을 키친타월 등으로 닦아 잘 제거한다.
- 복숭아의 당도를 높이고 싶다면 크림에 넣는 그래뉴당의 양을 늘린다.

복숭아가 나는 계절에는 신선한 복숭아 과육을 듬뿍 사용해보자.
파티세리 'SATSUKI'에서 인기 있는 슈퍼 시리즈 중 하나인 슈퍼 피치 쇼트케이크를
샌드위치로 재현한 것이다.

TIRAMISU SANDWICH

TIRAMISU SANDWICH

디저트 샌드위치
95

티라미수 샌드위치

빵과 유지

- 1.25cm 두께의 샌드위치 식빵 3장

속재료

- 마스카르포네 치즈 100g
- 그래뉴당 10g
- 우유 5㎖
- 진한 커피 적당량
- 설탕 적당량
- 코코아 파우더 적당량

빵 자르는 방법

- 귀퉁이는 자른다.
- 십자로 잘라 4등분한다.

HOW TO MAKE

1. 빵은 모두 귀퉁이를 잘라둔다.
2. 볼에 마스카르포네 치즈를 넣고 그래뉴당과 섞은 후, 우유로 농도를 조절하여 크림을 만든다.
3. 진한 커피에 설탕을 넣고 첫 번째 빵을 적신다.
4. 남은 빵 2장은 각각 한쪽 면에 2의 크림을 바르고 코코아 파우더를 뿌린 후, 사이에 3의 빵을 끼운다. 냉장고에서 넣어 굳히고, 맨 윗면에 코코아 파우더를 뿌린다.

TIPS!

- 커피는 인스턴트를 사용해도 된다. 마셨을 때 너무 진하다 싶은 정도가 딱 좋다.

디저트로 인기 많은 티라미수를 샌드위치로 재현했다.
빵 3장 중 하나를 진한 커피에 적셔 겹치고 코코아를 뿌리면
케이크와는 또 다른 맛의 디저트가 완성된다.

LEMON CUSTARD ROLL

LEMON CUSTARD ROLL

디저트 샌드위치
96

레몬 커스터드 롤 샌드위치

빵과 유지

- 1.25cm 두께의 샌드위치 식빵 2장

속재료

- 커스터드 크림시판 제품 적당량
- 생크림유지방분 42% 적당량
- 그래뉴당 적당량생크림의 1/10
- 레몬 제스트껍질을 간 것 적당량
- 레몬즙 약간

빵 자르는 방법

- 귀퉁이는 자른다.
- 2등분한 롤 샌드위치

HOW TO MAKE

1. 생크림에 그래뉴당을 넣고 거품을 내어 휘핑크림을 만든다. 커스터드 크림과 휘핑크림을 2:1의 비율로 섞고 레몬 제스트와 레몬즙을 넣어 거품이 흐물거리지 않도록 잘 섞는다.
2. 1을 빵에 바르고 랩을 사용해서 롤 모양으로 만든다. 냉장고에 넣어 굳힌 다음 자른다.

TIPS!

- 레몬 껍질을 사용하기 때문에 가능하면 국내산 레몬을 사용하는 것이 좋다.
- 크림은 커스터드 크림 2에 휘핑크림 1의 비율로 만든다. 휘핑크림은 시판 제품을 사용해도 된다.

휘핑크림을 더해 더욱 부드러워진 커스터드 크림과
상큼한 레몬 껍질이 어우러진 롤 샌드위치다. 누구나 좋아하는 디저트다.

MACADAMIA NUT AND PEANUT BUTTER SANDWICH, HOT VANILLA SAUCE

디저트 샌드위치
97

바닐라 소스를 곁들인 마카다미아 너트 샌드위치

MACADAMIA NUT AND PEANUT BUTTER SANDWICH, HOT VANILLA SAUCE

빵과 유지
- 1.25cm 두께의 샌드위치 식빵 3장
- 땅콩버터무당 적당량

속재료
- 마카다미아 너트 적당량

소스
- 우유 250㎖
- 생크림유지방분 42% 75㎖
- 무염버터 25g
- 바닐라빈 또는 바닐라 에센스 약간
- 그래뉴당 90g
- 강력분 25g

빵 자르는 방법
- 귀퉁이는 자른다.
- 십자로 4등분한다.

HOW TO MAKE

1. 먼저 바닐라 소스를 만든다. 냄비에 우유, 생크림, 바닐라빈, 무염버터를 넣고 끓인다.
2. 볼에 그래뉴당과 강력분을 섞어두고 1을 조금씩 넣어 섞은 다음, 냄비에 넣고 약한 불에서 끓인다. 걸쭉해지고 한 번 더 끓으면 불을 끈다.
3. 빵에 땅콩버터를 발라 3장을 겹치고 귀퉁이를 자른 후, 십자 모양으로 잘라 4등분한다. 4등분한 빵을 위로 높게 쌓고, 데운 1을 붓고 마카다미아 너트를 잘게 다져 뿌린다.

TIPS!
- 바닐라빈 대신 바닐라 에센스를 사용하는 경우에는 바닐라 에센스를 2의 과정에서 맨 마지막에 넣는다.

빵 3장을 겹쳐 두툼하게 만든 다음, 4등분하여 잘라 탑처럼 쌓은 샌드위치다.
빵 사이에 바른 땅콩버터와 위에 부은 뜨거운 바닐라 소스가 맛있는 조화를 이룬다.
모양도 근사한 디저트다.

FRENCH TOAST VARIETY

디저트 샌드위치
98

프렌치토스트 버라이어티

FRENCH TOAST VARIETY

빵과 유지

- 1.8~2㎝ 두께의 샌드위치 빵 1장

반죽

- 달걀 2개
- 우유 30㎖
- 설탕 10g
- 무염버터 적당량
- 말차슈거 적당량
- 코코넛슈거 적당량
- 시나몬슈거 적당량

오렌지 버터

- 무염버터 50g
- 그래뉴당 또는 설탕 25g
- 오렌지 제스트 적당량
- 오렌지즙 약간

빵 자르는 방법

- 귀퉁이는 자른다.
- 2등분한다.

HOW TO MAKE

1 빵은 귀퉁이를 잘라내고 2등분한다.
   반죽 재료는 한데 섞는다.
2 자른 빵을 반죽에 적셔 버터를 두른 팬에서 굽는다.
3 오렌지 버터를 만든다. 실온에 둔 버터를 거품기로
   하얗게 될 때까지 휘젓고, 그래뉴당과 오렌지 제스트,
   오렌지즙을 넣어 섞는다.
4 구운 빵에 각각 코코넛슈거, 시나몬슈거,
   말차슈거를 뿌린 다음,
   데워서 녹인 오렌지 버터를 뿌린다.

TIPS!

- 크레이프를 오렌지소스에 넣고 끓인
  프랑스 디저트인 '크레이프 수제트'와 비슷하다.
- 그래뉴당을 살짝 뿌리면서 빵을 구우면 표면이
  캐러멜 상태가 되어 바삭바삭한 식감을 얻을 수 있다.
- 말차슈거, 코코넛슈거, 시나몬슈거는
  시판 제품을 사용해도 된다. 직접 만드는
  경우에는 설탕 2에 파우더 1의 비율로 섞되,
  색이나 맛을 보면서 취향대로 조절한다.

일반 프렌치토스트에 세 가지 종류의 슈거와 오렌지 버터를 뿌리면 네 가지 맛을 즐길 수 있다.
보기에도 예뻐서 티타임에 내놓기에 안성맞춤이다.

BANANA AND SWEET BEANS PASTE SANDWICH

BANANA AND SWEET BEANS PASTE SANDWICH

디저트 샌드위치
99

바나나 단팥 크림 샌드위치

빵과 유지

- 1.25cm 두께의 샌드위치 식빵 2장
- 생크림유지방분 42% 적당량
- 그래뉴당 적당량생크림의 1/10

속재료

- 바나나 5mm 두께로 썰기 1개
- 팥소 적당량

빵 자르는 방법

- 귀퉁이는 자른다.
- 세로로 3등분한다.

HOW TO MAKE

1. 생크림에 그래뉴당을 넣고 거품을 내어 휘핑크림을 만든다.
2. 첫 번째 빵에 1을 바르고 바나나를 늘어놓는다. 두 번째 빵에 팥소를 바르고 덮는다. 냉장고에 넣고 굳힌 다음 자른다.

TIPS!

- 팥소는 팥을 삶아 으깬 것과 으깨지 않은 것 두 종류가 있다. 으깬 것고시앙은 세련된 맛이 나고, 으깨지 않은 것츠부앙은 씹는 맛이 있다. 취향에 따라 선택하면 된다.

바나나와 단팥이 어울릴까 의아해하는 사람들도 있겠지만, 점성이 있는 바나나와 단팥은 매우 잘 어울려 놀라운 맛을 선사한다. 두 재료의 특유의 단맛이 잘 어우러지는 매력적인 샌드위치다.

MARRONS GLACES CREAM SANDWICH

디저트 샌드위치
100

밤 크림 샌드위치

MARRONS GLACES CREAM SANDWICH

빵과 유지

- 1.25cm 두께의 샌드위치 식빵 2장
- 밤 페이스트시판 제품 적당량
- 생크림유지방분 42% 적당량
- 그래뉴당 적당량생크림의 1/10

속재료

- 밤 조림 약 8개

빵 자르는 방법

- 귀퉁이는 자른다.
- 세로로 3등분한다.

HOW TO MAKE

1. 생크림에 그래뉴당을 넣고 거품을 내어 휘핑크림을 만든다. 밤 페이스트에 휘핑크림의 절반을 넣어 밤 크림을 만든다.
2. 첫 번째 빵에 밤 크림을 바르고 밤 조림을 얹은 후, 남은 휘핑크림을 바른다. 밤 크림을 바른 두 번째 빵으로 덮는다. 냉장고에 넣어 굳힌 다음 자른다.

TIPS!

- 휘핑크림의 분량은 밤 조림의 사이 간격을 채우는 정도가 좋다.
- 프랑스제 밤 페이스트는 밤의 맛이 꽤 진하다. 사용하면 훌륭한 맛을 완성할 수 있어 권한다.
- 밤 페이스트는 밤 조림의 시럽으로 묽게 만들어서 사용해도 된다.

향수를 불러일으키는 밤 조림을 넣은 샌드위치이다.
구수하고 달달한 맛이 마음속까지 포근하게 감싸주는 듯하다.
밤을 듬뿍 사용하여 풍성하게 즐기자.

이 책에서 소개하는 '맛'을 즐길 수 있는
호텔 뉴오타니 레스토랑 가이드

호텔 내의 레스토랑이나 카페 라운지에서 샌드위치나 햄버거를 즐길 수 있다.
샌드위치는 정식 메뉴에 없더라도 주문이 들어오면 만든다고 한다.
원하는 재료, 맛, 빵의 종류 등을 전수하여 '샌드위치 전문가'가 되어 보자.

커피숍 'SATSUKI'

아메리칸 클럽 샌드위치를 비롯한 기본 샌드위치 외에
'신사이바시 필레 커틀릿 샌드위치',
북미산 앵거스 비프를 사용한 햄버거 등을 맛볼 수 있다.
점명 SATSUKI
영업시간 6:00~24:00
샌드위치 제공 시간 11:00~24:00
전화번호 03-5275-3177

빵 & 케이크 파티세리 'SATSUKI'

'건강 튀김빵 시리즈', '비프스튜빵'(각 840엔)을
테이크아웃으로 판매한다.
점명 파티세리 'SATSUKI'
영업시간 11:00~21:00
전화번호 03-3221-7252

티 & 칵테일 '가든 라운지'

호텔 내에서 가장 많은 샌드위치를 즐길 수 있는 곳으로
'GL에그 베네딕트(제공 시간 : 7:00~22:00)'나
'GL버거 3종(제공 시간 : 15:00~22:00)' 등
이 책에서 소개한 맛을 실제로 즐길 수 있다.
점명 가든 라운지 **영업시간** 7:00~22:00
샌드위치&디저트 뷔페 제공 시간 11:30~14:00
전화번호 03-5226-0246

바 '바 카프리'

바이지만 점심메뉴와 많은 일품요리를 제공한다.
기본 샌드위치부터 다양한 햄버거까지 알코올음료를 즐기면서도
배불리 먹을 수 있다.
점명 바 카프리
영업시간 13:00~25:00 **샌드위치 제공 시간** 13:00~25:00
전화번호 03-3238-0035

인터내셔널 요리 '트레이더 빅스'

남국 분위기가 물씬 풍기며 독창적인 요리는 물론
세계의 맛을 즐길 수 있다. 샌드위치와 각종 독특한 햄버거가 많다.
점명 트레이더 빅스
영업시간 11:30~24:00 **샌드위치 제공 시간** 11:30~24:00
전화번호 03-3265-4707

이 책의 정보는 2014년 2월 10일을 기준으로 한 것입니다.
가격은 모두 세입, 서비스 별도입니다.
2014년 4월 1일 이후 세율 변경으로 가격이 변동되었을 수 있습니다.

HONTOUNI UMAI SANDWICH NO TSUKURIKATA100

© Hotel New Otani, 2014
Originally published in Japan in 2014 by IKAROS PUBLICATIONS LTD.TOKYO,
Korean translation rights arranged with IKAROS PUBLICATIONS LTD.TOKYO,
through TOHAN CORPORATION, TOKYO, and SHINWON AGENCY CO., SEOUL.

이 책의 한국어판 저작권은 신원 에이전시를 통해 저작권자와 독점 계약한 (주)도서출판 달리에 있습니다.
저작권법에 의해 한국 내에서 보호를 받는 저작물이므로 무단전재와 무단복제를 금합니다.

집에서 만드는 호텔 샌드위치
NEW OTANI HOTEL SANDWICH 100

호텔 뉴오타니 지음

1판 1쇄 펴냄	2015년 5월 8일
1판 6쇄 펴냄	2019년 3월 22일

펴낸이	박소연
펴낸곳	(주)도서출판 달리
등록	2002. 6. 4.(제10-2398호)

주소	04008 서울시 마포구 희우정로16길, 17-5
전화	02-333-3702
팩스	02-333-3703

ISBN	978-89-5998-284-4 13590